KB136842

그래서 당신은 어떻게 생각하나요?

파스칼
세이스

Pascale Seys

그래서

당신은

어떻게

생각하나요

세상을
방랑하는
철학
❶

이슬아 × 송설아 옮김

?

Et vous,
Qu'en
Pensez-
Vous?

레모

일러두기

- 단행본과 잡지는 『 』로, 단편, 시, 논문은 「 」로, 신문, 영상물, 노래 제목, 미술작품은 〈 〉로 표시했다.
- ·· 외래어 표기는 국립국어원 외래어표기법에 따랐으며 관례로 굳어진 것은 예외로 두었다.
- ··· 원주와 옮긴이주는 모두 본문에서 번호로 표시하고 미주로 실었다. 주석 번호는 편의상 다섯 장씩 묶어 표기했다.

이웃집에 불이 났을 때가 자기 집을 경계할 때다.

Nam tua res agitur, paries quum proximus ardet.

호라티우스 Horace 『서간시』 제1권 80장

지혜의 방울을
날리자

페이스북 시대에 철학으로 사유하기

● 철학자, 아르테TV 프로그램 국장 **에마뉘엘 투르프**

중세 시대의 철학 전서는 몽테뉴의 등장과 함께 에세이나 단상 집, 명언집에 자리를 내주었다. 그렇다고 거대 담론이 사라진 것은 아니다. 철학 비판서와 백과사전은 여전히 위세를 떨치며, 철학 체계를 흩뜨리고 사유의 흉내 내기에 불과한 파편화된 지성의 함정에 빠지지 않도록 돕는다. 페터 슬로터다이크의 『구체론 삼부작』(1998~2004)과 같은 방대한 분량의 철학서는 지금도 건재하며 앞으로도 그럴 것이다.

　　하지만 농축되고 축약된 형식을 선호하는 SNS 시대에

카드 명언이 대세로 떠오르며 거대한 부피의 철학서는 뒷전으로 밀려났다. 누리꾼에게는 6분도 너무 길다. 페이스북은 3분 이내 영상을 권장하고, 인스타그램은 침대 길이에 맞춰 사람의 다리를 잘라내던 프로크루스테스처럼 분량을 1분으로 제한한다. 이처럼 성급한 시대에 의미를 찾고, 오락거리나 음식, 게임에 잠식되지 않으려면, 진짜로 영양가 있는 지혜가 필요하다.

그렇기에 여기 소중한 미니어처처럼 소개된 철학적 단상이 더욱 매력적으로 다가온다. 횔덜린의 묘비에 새겨진 "위대한 것에 압도당하지 않고 가장 작은 것 안에 담겨 있는 그것이 신적인 것이다."라는 유명한 구절을 기꺼이 이 책에 헌사하고 싶다. 위대한 철학자들을 대수롭지 않다는 듯 자연스레 소환한 파스칼 세이스의 글은 참된 사유의 침전물이다. 그녀의 글은 성찰의 목소리를 묵살하거나 알맹이 없는 말을 강요하는 대신, 사색, 추상적 관념, 자기 성찰, 거리 두기와 같은 철학적 정수로 가득 차 있다. 이 모든 것이 작가가 사용한 유려하고 강력한 단어들 덕분이다.

예리하면서도 기품과 지성이 묻어나는 파스칼 세이스의 문체는 진주처럼 영롱하게 빛난다. 19세기 문학과 음악의 전문가이면서도 현대적 어휘를 선별적으로 사용해 시대의 흐름을 따를 줄도 안다.

이 글은 우리의 일상을 밝혀주는 등불과 같다. 시사에

서 출발해, 구체적인 이야기를 들려주며, 결코 잘못된 추상에 빠져 허우적대지 않고, 철학적 지혜를 발휘해 현실 깊은 곳에서 빛을 찾아낸다. 일례로 베니스에서 발생한 끔찍한 죽음을 통해 독자를 한 걸음 한 걸음 저 높은 철학의 전당으로 이끈다.

마지막으로 산파술이라 불리는 소크라테스 대화법의 핵심인 '당신은 어떻게 생각하나요?'라는 질문을 반복해서 던짐으로써, 이 글을 읽은 독자가 스스로 답을 찾도록 만든다. 마음속 깊은 곳에서 무르익은 사유를 끄집어내는 이토록 세심한 철학자와 동행한다는 것은 엄청난 행운이다. 파스칼 세이스가 스냅사진처럼 펼쳐 보이는 철학은 속도와 즐거움에 지나치게 열광하는 우리 시대에 진정한 답을 안겨준다. 그 답은 페이스북 시대에 걸맞게 스쳐 지나가듯 가벼운 형식을 취하고 있지만, 그 안에서는 베일에 가려진 위대한 지혜가 진중하게 우리 앞에 다가선다.

파스칼 세이스

세상사를 떠들썩하게 전하는 뉴스는 얼핏 보기에는 돌발적으로 발생한 서로 다른 사건의 연속인 듯하다. 우리는 그저 사건이 갑자기 발생하고, 일어나고, 드러났다고 말할 수 있을 뿐이다. 우연하고 예기치 못한 사건 간의 인과관계는 단번에 파악되지도 않으며, 저변에 깔린 의미도 저절로 모습을 드러내지 않는다. 서로 무관해 보이는 사건 그 자체로는 아무 이야기도 들려주지 않는다.

하지만 다양한 팩트나, 정황, 사건을 비롯해 주위에서 벌

어진 일이 때때로 세상의 흐름이나, 우리가 세상을 인식하는 방식을 완전히 변화시키기도 한다. 그렇기에 우리는 **벌어진 일**의 핵심을 이해하고, '빨리빨리'의 횡포에 맞서 **의미**를 도출하고, 시시각각 무수히 스쳐가는 정보의 홍수에 휘말리지 않고 사건을 입체적으로 파악해야 한다. 사건과 거리 두기를 할 때 비로소 눈에 보이지 않던 것들이 지식의 샘으로 탈바꿈한다. 풍랑에 쉴 새 없이 흔들리기를 멈춘 뒤에야 **벌어진 일** 안에서 의미를 읽어내고, 역사의 생성을 인식할 수 있게 된다. 비로소 '행동으로 이끄는 힘'이라는 의미의 라틴어 어원 actualitas 에 충실해진다.

　　시사를 통해 현시대에 필요한 교훈을 얻을 수 있다고 한다면, 그 내용과 어조는 어떠해야 할까? 독일 철학자들은 명백히 지향점이 다르지만, 사유하고 행동하는 공통의 패러다임을 도출할 수 있는 역사의 한순간에, '세계관 Weltanschauung'이라는 단어를 기꺼이 사용한다. 헤겔은 신문을 읽는 것이 세상에서 활동하는 정신 Geist을 이해하는 데 필수적인 '현실적 기도'를 올리는 행위라고 보았다. 그는 다양한 형태로 벌어지는 사건을 관찰하며, 특정 시대, 특히 당대의 시대정신 Zeitgeist이 어떻게 발현되는지, 또 그것의 영혼, 추세, 기분, 무드, 유행, 도덕적 분위기가 어떠한지 파악하려 애썼다. '우리가 어디 있는지를 정확히 파악'[1]하고 동시대를 사유하는 것이 철학자의 임무이기 때문이다. 침묵하는 역사적 사건에 목소리를 되찾아주고, **벌어진 일**

에 의미를 부여하는 가장 확실한 방법은 사건을 전체적 흐름에서 체계적으로 해석하는 것이다. 현실을 이해한 뒤 우리는 스스로에게 존재론적 질문을 던지지 않을 수 없다. '이렇게 흘러가는 세상에서 어디를 향해 나아가야 하나? 어떻게 하면 삶이라는 모험에 최대한 적극적이고 창조적으로 뛰어들 수 있나?' 우리는 사실 간의 관계를 파악하려는 시선으로 세상을 바라볼 때 비로소 교훈을 얻을 수 있다. 뉴스 그 자체는 도덕적 교훈을 주지 않는다. 사건과 거리를 두고, 한 줄기 빛처럼 모습을 드러내는 의미를 바탕으로 고뇌하고, 반응하고, 사유한 후에야 행동에 나설 수 있게 된다. 질 들뢰즈의 정의에 따르면, 윤리란 **우리에게 벌어진 일**에 대응하는 능력이다. 즉, 사유란 윤리적인 삶의 필수적 전제 조건인 것이다.

이 책은 Musiq'3-RTBF 라디오 방송 〈라마티날La Matinale〉에 매주 방송되고 SNS에 소개된 칼럼의 주제를 다루며, 그에 대한 윤리학적, 미학적, 사회학적 고민을 담고 있다. 연속된 폴라로이드처럼 펼쳐진 단상이 우리를 공감의 실종, 탈진실, 셀피 열풍, 가치 추구, 침묵의 가능성, 부패, 불멸에 대한 욕구, 웅변술, 예술의 역할 등에 관한 사유로 이끈다. 또한 그리스 로마 신화를 통해 세상의 맥을 진단하고, 세상에서 **벌어진 일**을 우리와 **관련된 일**로 느끼게끔 해준다. 이것이 바로 우리가 사유를 하는 궁극적 목적이다.

심각하고, 재미있지만 대개 비극적인 시사는 우리 시대의 기분을 조근조근 들려주며 언제나 조심스럽게 우리를 행동으로 이끈다.

힘차게 고동치는 시사가 이끄는 성찰로의 초대에 응한다면, **우리에게 벌어진 일**을 윤리적으로 통찰할 수 있는 경지에 도달하게 될지도 모른다.

✷

멋진 잔에게,

자기 앞의 삶을 향해 언제나 자신감 넘치게

앞으로 나아가길

✷

QUI HABITAT

어떤 생각은 올빼미의 눈처럼 한낮의 빛을 견디지 못한다.

미켈라 무르자아Michela Murgia

근사한
올빼미!

올빼미가 수놓는 하늘은 얼마나 다채로운가!

올빼미과에 속하는 동물은 200여 종에 달한다. 대표적으로 고기잡이올빼미, 웃는올빼미, 금눈쇠올빼미, 긴점박이올빼미, 원숭이올빼미, 흰올빼미, 올빼미, 갈색올빼미 등은 몸집이 작은 야행성 맹금류에 속한다. 올빼미는 지혜를 수호하는 동물로도 여겨진다.

고대 그리스 신화에는 아테나의 대표적인 상징으로 올빼미가 등장한다. 로마인들이 아테나를 '미네르바'로 불렀기 때문에, 올빼미에게 '미네르바의 새'라는 별명이 붙었다. 프랑스어로는 슈에트chouette라고 한다.

이야기는 오래전으로 거슬러 올라간다. 호메로스는 팔레스 아테나의 눈빛을 묘사하는데, 청록색 눈의 여신, '빛나는 회색' 눈의 여신, 올빼미의 눈을 한 여신 등 올빼미와 연관된 수사를 사용했다. 실제로 올빼미를 뜻하는 그리스어 글라우코스 γλαυκός의 어원 글라우스glaux는 하늘이나 바다색, 밤의 어두움을 관통하는 올빼미의 눈빛처럼 창백하게 반짝이는 푸르스름한 빛을 지칭한다. 이처럼 빛을 연상시키는 올빼미는 지혜의 여신을 상징하게 되었고, 더 나아가 아테네 도시를 대표하는 동물이 되었다. 당시 아테네의 동전들, 특히 4드라크마 은화는 '올빼미'라고 불리기도 했는데, 동전의 앞면에는 제우스와 메티스 사이에서 태어난 딸 아테나가, 뒷면에는 올빼미가 새겨져 있었기 때문이다.

총명한 아테나는 이성의 여신이자, 지혜와 지성의 여신이다. 신과 영웅 그리고 인간은 그녀의 직관과 기지를 높이 샀고, 조언을 구하고자 주기적으로 아테나를 찾아왔다. 수많은 기관과 학교 및 대학교의 문장에 올빼미가 등장하거나 프랑스 인문학 전문 출판사 레벨레트르Les Belles Lettres 로고가 올빼미인 것은 우연이 아니다. 오늘날 올빼미와 철학을 자연스레 연결 짓게 한 장본인은 독일 철학자 헤겔이다. "미네르바의 올빼미는 황혼이 저물어야 그 날개를 편다"[1]라는 그의 문장 덕분에,

'올빼미의 비상'이 유명해졌다. 이 말은 '행동과 사건은 한낮에 일어나고, 사유와 성찰은 고요한 황혼 속에 깨어난다'는 의미로 해석할 수 있다.

덴마크 코펜하겐에는 철학자 키에르케고르, 동화작가 안데르센을 비롯한 명사들이 평화로이 잠들어 있는 멋진 공동묘지가 있다. 항상 꽃다발이 놓여 있는 물리학자 닐스 보어의 석재 무덤 꼭대기에 앉아 방문객을 굽어보는 올빼미는 '여기 통찰력이 빛나는 영혼이 잠들어 있다'고 말하는 듯하다. 올빼미라는 이름 하나만으로도 뜻깊은 이야기가 샘솟는다! 꿰뚫어 보는 듯한 눈빛에 직관적이고 총명한 지성이 떠오르고, 고요한 자태는 지식과 지혜의 속성과 맞닿아 있으며, 맹금류의 사냥 본능은 전투에 필요한 힘과 혈기, 정확성을 일깨운다. 모두 그리스인들이 칭송한 비범한 미덕이다.

역사적으로 유대교에 뿌리를 두고 있는 기독교 사상에는 신의 도움 없이 인간의 이성은 나약하다는 비관적 견해가 깃들어 있다. 아테나에게 조언을 구하더라도, 절대적인 존재의 도움 없이 이성만으로 인간은 구원받을 수 없다는 것이다. 그렇기 때문에 유대교에서는 신이 모세를 약속의 땅으로 보내 고대 이집트의 왕 파라오에게서 유대 민족을 해방시켰고, 기독교에서는 하나님이 독생자를 세상에 보냈다고 본다. 믿음을 통한 자유냐, 이성을 통한 자유냐, 이처럼 자유를 묻는 한 가지 질문에 두 가지 다른 답이 있다.

모세가 기록한 것으로 알려져 있으며, 르네상스 시대의 작곡가 조스캥 데프레가 멜로디를 붙인 「시편 91편」(그리스 번호 체계에서는 90편에 해당된다)은 그리스도의 재림에 관해 들려준다. 히브리어로는 'Yoshève bessètèr', 라틴어로는 'Qui habitat'라 불리며, 보호의 말씀으로 알려져 있다. 유대교에서나 기독교에서 애도와 관련된 것으로 여겨지는 그 노랫말은 다음과 같다. "지존자의 은밀한 곳에 거주하며 전능자의 그늘 아래 사는 자여… 너는 밤에 찾아오는 공포와 낮에 날아드는 화살을 두려워하지 아니하리로다. 천 명이 네 왼쪽에서, 만 명이 네 오른쪽에서 엎드러지나 이 재앙이 네게 가까이하지 못하리로다."[2] 고대 그리스부터 오늘날까지 여전히 질문은 남아 있다. 어떻게 이성으로 두려움을 극복할 것인가? 어떻게 스스로를 구원할 것인가? 다시 말해 누가 우리를 해방시키는가? 그것은 신인가 아니면 우리의 이성인가?

'아니요'라는 말

평가와 결심을 하기에 다른 어느 때보다 적절한 시기가 있다.

기념일과 휴가, 겨울과 봄 축제, 이사, 건강 악화, 회복기, 연초, 계절의 변화 또는 학기 초는 대표적인 변화의 시기로 볼 수 있다. 루틴이 깨지고, 속도가 느려지며, 새로운 계획을 세우게끔 만드는 시기이다. 운동, 건강한 식사, 어려운 책 읽기, 여행, 술 담배 끊기, 일찍 잠자리에 들기 등 자신의 삶에서 최소한 **무언가**를 바꾸려는 계획들 말이다.

삶에서 최소한 **무언가**[3]를 바꾸기 위해서는, 그것이 거실의 커튼 색이 되었든, 소파의 위치가 되었든 간에 기본적으로 마음을 먹어야 하고, 마음을 먹기 위해서는 용기를 내야 한다. 인간은 습관의 노예이기 때문이다. 그러나 우리는 변화를 향한 이런 결심이 자유를 위한 근본적 행위라는 것을 제대로 인지하지 못한다.

결심은 대개 발바닥에 상처를 내는 성게처럼 무언가 짜증스럽거나, 갑자기 지겨워지거나, 당장 숨통을 틔우기 위해서, 더 이상 휴식을 미룰 수 없는 경우에 시작된다. 그러다 은연 중 뭔가 대단히 중요한 것을 깨닫게 하는, 억누를 수 없는 강력한 내면의 소리를 듣는다. 바로 '아니요'라는 외침이다. 무언가를 부정하듯 정신이 번쩍 들게 하지만, 사실 이 말은 부정과는 거리가 멀다. 프랑스 철학자 알랭은 "생각하는 것은 아니라고 말하는 것이다"[4]라고 말했다. 소크라테스에게 '삶이 죽음을 배우는 것'이라면, 알랭에게는 '아니라고 말하는 것이 사유하는 법을 배우는 것'이다.

52퍼센트의 영국인들이 유럽에 '아니요'라고 말해 브렉시트라는 돌이킬 수 없는 결과를 초래했다. 수백 명의 관광객은 '올 인클루시브'로 예약된 객실에 '아니요'를, 직원은 사장에게 '아니요'를, 신랑은 결혼식 날 '아니요'를, 할리우드 스타들은 한목소리로 성추행에 '아니요'를, 카탈루냐는 독립 요구를 거부한 스페인 중앙정부에 '아니요'를 외쳤다. 오늘 아침 바쁜 동료는 '아니요, 내 커피에는 설탕 넣지 마세요!'라고 말했다.

영화 〈시민 케인〉은 비밀을 감춘 철조망에 매달린 '침입 금지No Trespassing'라고 적힌 팻말을 비추며 시작되고, 뉴스 전문 채널 〈유로뉴스〉는 '노코멘트'라는 섹션에서 어떠한 설명도 없이 자막과 함께 영상만을 내보낸다.

'아니요'는 사물 간의 차이를 두드러지게 나타내는 강력한 단어이다. '아니요'는 불일치를 표시하는 말로, 실제로는 우리를 자유롭게 해준다.

"생각하는 것은 아니라고 말하는 것이다"라는 알랭의 말에서 '아니요'를 무엇에 대한 반대로 받아들여야 할까? 알랭은 1924년 출간된 『권력론(부제: 겉모습 앞의 인간)』[5]에서도 이 문제를 다루었다. 이 책을 읽으면 그가 "생각하는 것은 '네'라고 말하는 것이다"라고 하지 않은 이유를 짐작할 수 있다. 권력에는 여러 형태가 있다. 정치 권력, 남성이 여성에게 행사하는 권력과 그 반대의 권력, 종교적인 권력, 고용인이 피고용인의 삶에 행사하는 권력, 자본의 권력, 점점 신뢰를 잃어가고 있는 언론의 권력, 공포의 권력 등. 사회적으로 엄청난 압력을 행사하는 이 모든 권력 앞에서 우리는 널리 퍼져 있지만, 검증되지도, 현명하지도, 놀랍지도 않은 견해에 쉽게 동의하고 만다. 철학자 알랭은 "잠든 자는 '네'라고 말하고, 깨어 있는 자는 '아니요'라며 고개를 내젓는다"고 말한다.[6]

우리가 '아니요'라고 말할 때, 우리의 몸에 영혼의 움직임이 새겨진다. 그렇다면 깨어 있는 인간은 무엇에 대해 '아니요'라고 말하는가? 자유로운 인간은 겉모습에, 순응주의에, 주류에, 대충주의에, 평범한 일상에 '아니요'라고 말한다. 알랭은 한 걸음 더 나아가 "사유하는 것은 우리가 믿는 것을 부인하는 것이다"라고 덧붙인다. 하지만 왜 그래야 하는 걸까? 이는 한 박자 쉬어가며 생각을 정리하고 전진하기 위해서이며, 좋은 결정, 공정한 결정, 유용한 결정을 내리기 위함이다. 이를 위해 우리는 세상을 새롭게 보고, 스스로 알고 있다고 믿는 것을 **부인**해야 한다.

생각하는 것은 아니라고 말하는 것이다.

프랑스어로 '생각하다penser'라는 동사는 '무게를 달다, 헤아리다, 측정하다'라는 의미의 라틴어 'pensare'에서 파생되었다. 따라서 이 동사의 어원에 비추어보면, 생각하는 것은 의견이나 사실, 이론, 상황 또는 우리 삶 전체를 평가하고 측정하는 것이라고 볼 수 있다. 왜 그래야 할까? 왜 생각을 해야 할까? 바로 새로운 것을 창조하기 위해서다. 우리 삶에서 적어도 **무언가**를 바꿀 가능성을 찾기 위해서다. 그렇기에 '아니요'라고 말할 수 있는 자유, 더 나아가 완전히 다른 의미로 '네'라고 말할 수 있는 자유가 필요하다. 바로 그 자유 때문에 벨기에에는 다른 어디서도 볼 수 없는 '내가 설마 아니라고 하겠니?'라는 질문도 답도 아닌 알쏭달쏭한 말이 존재한다.

보이는 것은
보는 것이 아니다

우리는 때때로 쓰라린 경험을 통해 대화에서 주고받는 단어의 특성과 명확성 그리고 적절성이 얼마나 중요한지 깨닫는다.

거창한 단어를 즐겨 쓰는 이들도 있지만, 우리의 삶을 더욱 살만하게 만드는 것은 단순한 단어들이다. 친절한 말, 아침에 하는 '안녕하세요'라는 말, '고마워요' 또는 '미안해요'와 같은 말, 다정한 말이 그렇고, 사랑의 말이라면 더할 나위가 없다. 손수 적어 식탁에 남긴 메모나, 집 안의 예상치 못한 장소에 감춰둔 메모도 그러하다. 아무 말 없이 침묵만을 지켜서는 알 수 없는 것들이 있다.

여러 단어가 이어진 것을 문장이라 한다. 철학자 메를

로 퐁티의 문장이 뛰어난 이유는 그가 언어유희를 즐겼기 때문이 아니라, 문장에 군더더기가 없었기 때문이다. 그가 쓴 "보는 것만 보인다 On ne voit que ce que l'om regarde."[7]라는 문장은 별것 아닌 듯하지만, 꾸밈없이 참으로 명료하다. 평범해 보이는 이 말 뒤에는 '주변을 살펴 우리 눈앞에 펼쳐진 세상에 눈을 뜨고, 우리 눈앞에 세상이 펼쳐진 방식에 대해 생각해보라'는 교훈이 숨어 있다.

프랑스어에서 '보다'라는 두 동사 'voir'와 'regarder'는 같은 말이 아니다. 두 단어는 바라보는 시선이나 뉘앙스, 주의를 기울이는 정도에 있어 차이를 보인다. 영어의 'see'와 'look'의 경우를 비롯해, 이탈리아어, 스페인어, 포르투갈어 등 여러 언어에서도, 마찬가지로 동사 두 개가 존재한다. 이러한 차이를 시각이 아닌 청각에 적용하면, '듣다'라는 프랑스어 두 동사 'entendre'와 'écouter'를 구별할 수 있다. 두 단어는 듣는 행위의 정확성과 듣는 이의 인내심에서 차이를 보인다.

'보는 것만 보인다'는 메를로 퐁티의 말은 『어린 왕자』에서 장미가 어린 왕자에게 "오로지 마음으로 보아야만 정확하게 볼 수 있어"라고 한 말과 일맥상통한다.

이처럼 '보다regarder'와 '보이다voir'는 다르다. 무언가 눈에 보이는 것도 그리 나쁘지 않지만, 충분하지는 않다. 사실 무언가 또는 누군가가 단순히 보이는 것은 그 대상이 거기 있다는 것에 지속적인 주의를 기울이지 않더라도, 다소 모호한 방식으로 알아보고, 가늠하고, 지나치고, 추정하는 것이다.

예를 들어 TV가 보인다voir는 것은 주방이나, 거실에서 TV가 시야에 들어온다는 것을 의미한다. 하지만 TV를 본다 regarder는 것은 TV라는 기기나 가구가 아닌, TV가 보여주는 것, 말하는 것, 영상, 자막과 내용에 주의를 기울인다는 뜻이다. 라디오나 일상생활의 간단한 대화도 마찬가지이다. 전혀 듣지 écouter 않고도 들릴entendre 수는 있다.

'라디오를 듣다'라는 말도 프랑스어에서 어떤 동사를 사용하는지에 따라 의미가 달라진다. 라디오 청취자는 라디오가 들리는entendre 사람이 아닌, 라디오를 귀 기울여 듣는écouter 사람만을 포함한다.

브렉시트 다음 날 유럽의회 회의에서 장클로드 융커 EU 집행위원장은 유럽 혐오로 유명한 영국 정치가 나이절 패러지에게 "당신이 여기 보이다voir니 놀랍네요!"[8]라는 발언을 했다. 그가 '당신을 여기서 보게regarder 되어 놀랍다'고 했다면, 그 의미가 완전히 달라졌을 것이다. "당신이 보이자voir 바로 알았어요"라는 표현은 앞의 문장처럼 언론에 대서특필된 것은 아니지만, 감정적인 의미를 품고 있다. 우리는 이 말을 "당신을 보자마자regarder 알았어요" 혹은 "첫눈에 바로 알았어요"로 표현할 때, 그 의미가 훨씬 강력해진다는 것을 직감적으로 안다.

'보기' 위해서는 특별히 주의를 기울이고, 깨어 있어야 하며, 관찰하고, 시선을 집중해야 하기 때문이다.

따라서 연인에게 '날 봐'라고 할 때 사용되는 프랑스어 동사는 '보이다voir'가 아닌 '보다regarder'이다. 권태기 커플은 서로가 보이지 않아서가 아니라, 서로를 바라보지 않기 때문에 괴롭다. 이들은 서로를 바라보는 시선과 그에게서 나오는 배려의 부재로 힘들어한다. 예술도 똑같은 집중을 요한다. 사람들은 언제나 주의 깊게 교향곡을 듣는 것처럼 위대한 작품을 감상한다. 보고 또 봐도, 듣고 또 들어도 지겹지 않고, 매번 마음을 뒤흔드는 감동을 주며, 놀라움을 선사한다.

"

보는 것만 보인다.

메를로 퐁티Merleau-Ponty

"

메를로 퐁티는 우리가 이 놀라운 뉘앙스를, 이 작은 차이를 파악할 수 있도록, 더욱 잘 보기 위해서 주의 깊게 바라보고, 더욱 잘 듣기 위해 귀를 기울이라고 권한다.

사자와
사자보다 작은 존재

짧지만 신랄한 이야기는 라퐁텐의 특기이자 장기로, 꼭 필요한 단어만 사용하여 문장의 운율을 살렸다. 동물을 거울 삼아 인간의 허영을 조롱하고 우리 자신의 어리석음에 실소를 터뜨리게 한 라퐁텐의 기지는 얼마나 놀라운가!

라퐁텐 우화나 이솝 우화에서 원숭이는 소문난 아첨꾼이고, 개구리는 거만하고, 양들은 줏대가 없고, 여우는 냉소적이고 꾀가 많으며, 매미[9]는 한탕주의에 빠져 있고, 개미는 검소하고, 소는 현명하며, 말은 오만하다.

라퐁텐은 눈앞에 보이는 것에 휘둘리지 않고 멀리 내다보는 미덕을, 느긋하게 기다릴 수 있는 인내심을 「사자와 쥐」라는 놀라운 우화를 통해 알려준다.

동물의 왕 사자는 절대 권력과 힘을 상징한다. 사자는

길에서 만난 조그만 쥐의 목숨을 살려주는데 이는 계산된 행동일까? 작가는 따로 설명하지 않고 있다. 그저 사자는 언제나 강자의 무대에서 활동하기에, 원칙적으로 쥐와 같은 무대에서 마주칠 일이 없다고 짐작할 뿐이다.

하지만 스스로 전지전능하다고 믿던 사자는 우연히 덫에 걸리고, 목숨을 잃을 위험에 처한다. 이때 초반에 살려주었던 쥐가 나타나, 사자를 결박하는 그물을 이로 갉아 목숨을 구해준다. 그리고 작가는 '우리는 항상 자신보다 작은 존재가 필요하다'라는 멋진 말을 들려준다. 「사자와 쥐」는 '인내와 기다림이 힘이나 분노보다 더 많은 것을 이루는 법이다'라는 말과 함께 끝난다. 라퐁텐 우화는 기다리고, 대비하고, 멀리 보는 것이 현명하다는 점을 깨닫게 한다. 다시 말해 자신을 되찾고, 주위를 있는 그대로 이해하기 위해서는 시간이 필요하다고 말하는 것이며, 타인에게 베푼 배려가 언제나 기적처럼 우리에게 돌아온 덕분에 지금의 우리가 존재함을 절대 잊지 말라는 당부이기도 하다.

●

자신을 되찾고, 주위를 있는 그대로 이해하기 위해서는
시간이 필요하다.

●

이 세상에서 어떤 위치에 있든, 기업 대표이든, 실업자이든, 유명 예술가이든, 학생이든, 감독이든, 연인이든, 공장 근로자이든, 우리는 언제나 우리보다 더 작은 존재를 필요로 한다. 어쩌면 '작다'는 것은 그저 우리의 판단인지도 모른다. 자만에 빠져 스스로를 과대평가해 남들이 우리보다 더 작다고 치부하는 탓이다. 그런데 누가 누구보다, 어떤 기준에 따라 더 작다는 것일까?

오 시대여,
오 세태여

프랑스 배우이자 시나리오 작가 기 브도는 자신의 나이에 익숙해지기는커녕 점점 적응이 되지 않으며, 떠났거나 떠나가는 이들의 부재도 마찬가지라고 말했다. 그들이 어디로, 어떤 방식으로 떠났든지 상관없이 말이다.

희극인을 비롯한 예술가의 특권 가운데 하나는 죽은 자를 쉽게 떠나보내는 일이 불가능하다고 말하는 데 있다. 예술가가 아닌 우리는 모든 것에 익숙해지는 우를 범한다. 익숙해진다는 것은 눈앞에서 벌어지는 비참하고 비열한 일을 보지 못하고, 그것이 정상이 아니라는 것도 알아차리지 못할 정도로 눈이 멀었다는 뜻이다. 가난에 허덕이고 미래를 잃은 청년들 앞에서 아무것도 하지 않는 것은 **정상**이 아니다. 녹아내리는 빙하나, 도심 한가운데에서 침몰해가는 수천 명의 이민자들을 방관하는 것도 **정상**

이 아니며, 금융업계 화이트칼라가 의도적으로 바라고, 원하고, 조장해온 소외의 책을 그저 바라보기만 하는 것도 **정상**이 아니다.

"오 시대여, 오 세태여O tempora, o mores!"는 키케로가 한 말로, 「카틸리나 탄핵 연설」의 두 번째 장에 등장한다. 키케로는 수사학의 정수를 보여주는 4편의 연설문을 통해, 시저 치하의 로마를 꼬집고 규탄한다. 위의 라틴어구의 의미는 '도대체 우리는 어떤 시대에, 어떤 세상에 살고 있나?' 정도가 될 것이다.

「카틸리나 탄핵 연설」은 집정관이었던 키케로가 기원전 63년 11월 8일 로마 주피터 스타토르 신전에서 상원을 상대로 한 연설 네 개에 붙인 제목으로, 이 연설을 통해 카틸리나의 쿠데타 시도를 완전히 진압한다. 웅변술의 대가 키케로는 연설문의 첫머리에서 "카틸리나여, 우리의 인내를 언제까지 시험할 작정인가?"라며 분노를 터뜨린다. 이후 로마 시민들에게 발표한 마지막 연설인 제3차 반박문에서는 로마에 만연해 있는 부패에 분노해야 하는 이유를 설명한다. 일찍이 불한당에 맞서 민중의 편을 든 연설이다.

「카틸리나 탄핵 연설」이 오래전부터 영미권 서점에서 그토록 흥행을 거둘 수 있었던 것은 아마도 연사의 어조와 그가 보여준 세태에 대한 염증 덕분일 것이다. 키케로는 불만 섞인 목소리로 '이제 그만'이라고 말하고 있다. 언론은 수천 명의 여성이 겪은 고통을 폭로하며 '이제 그만'이라는 말로 성추행을 고발한다. 보스턴에서 열린 집회에 참여한 군중은 인종차별에 대해 '이제 그만'을, 팔레스타인 민족과 아랍 세계 그리고 국제 사회는 미국에 '이제 그만'을 외친다. 소설가 안 베르는 자신의 불치병에 맞서, 그리고 존엄사 권리에 귀를 닫은 프랑스 정부에 맞서 '이제 그만'이라 외친다. 하지만 종교적 맹신의 희생자들 앞에서, 로힝야족 아이들의 성착취 앞에서, 가혹한 정부 앞에서, 역사에 남을 명연설로 세태를 고발하는 우리 시대의 키케로는 없다.

> 66
>
> 라틴어 수업과 그리스어 수업을 없앨 수는 있지만,
> 소크라테스와 베르길리우스가 수세기 동안 드높인 지성을
> 없앨 수는 없다.
>
> 장 도르메송 Jean d'Ormesson
>
> 99

키케로는 카틸리나의 모반 계획을 고발했고, 결국 유죄 판결을 이끌어냈다. 원로원에서 형을 선고하는 일만 남았다. 그 사이 의원들은 유엔이나 이사회에서 결정을 내릴 때처럼, 상황을 살피고, 사사로운 이익을 따지고, 판결의 여파를 가늠하며 머뭇거리고 있었다. 이때 키케로는 두 가지 능력을 발휘

하며 그들 앞에 나섰다. 하나는 도덕적 결단력이고, 다른 하나는 오늘날 정치 소통력이라 불리는 웅변력이다. 곧바로 효과가 나타났다. 키케로는 원로원을 사로잡았고, 이 사건은 역사에 길이 남아, 때로는 소용없어 보이는 말이 세상을 바라보는 관점을 바꾸고, 행동으로 이끌 수 있다는 교훈을 안겨준다.

우리 시대는 대안적 사실[10]과 집단 기만, 가짜 뉴스를 좋아한다. 만약 우리가 모든 것이 학교에서 시작된다고 정치인들을 설득할 수 있다면 어떨까? 학교를 변화시킬 수 있는 것을 변화시키고, 도덕적 용기와 저항 정신을 키우고, 진실을 사랑하는 마음을 심어주고, 미래를 설계하는 법을 가르치는 곳으로 탈바꿈시킬 수 있다면? "라틴어 수업과 그리스어 수업을 없앨 수는 있지만, 소크라테스와 베르길리우스가 수세기 동안 드높인 지성을 없앨 수는 없다." 아카데미 프랑세즈 회원 장 도르메송은 말했다. '교양의 아버지'이자 '좌파가 가장 사랑한 우파 작가'[11] 장 도르메송이 우리 곁을 떠났다. 삶의 즐거움과 역설을 생생하게 보여주었던 그의 부재에 익숙해져서는 더더욱 안될 것이다.

침묵보다 더 강한 말이 있을 때에만 말하라.

에우리피데스Euripide

'몬산토'라는
교양 있는 욕

언어는 저마다 다양한 방식으로 욕을 구사한다. 과거에는 대부분의 욕설이 계급에 대한 멸시를 담고 있었다.

예전에는 적을 깎아내리기 위해, 촌놈, 거지, 시골뜨기, 악동, 부랑아, 가난뱅이, 알거지, 프롤레타리아와 같은 말을 욕처럼 사용했다. 민주주의 시대로 들어서며 사회적으로 모욕감을 주거나, 부정적 감정 및 분노를 표현하는 욕설 대부분이 성적인 의미의 단어로 대체되었다. '사생아'나 '미혼모'가 비속어로 사용될 뿐만 아니라, 프랑스어로 'X년'이라는 단어는 온갖 욕설에 어김없이 등장한다. 여성의 음부는 '바보'라는 의미로, 불알은 '성가신 일'의 비유적 표현으로 사용된다.

하지만 7세 아이부터 77세 어르신까지 천박하지 않게 사용할 수 있는 괴상하고 기묘한 욕설들도 있다. 대표적으로 '비정규 기병', '타르타르 소스에 버무린 위선자', '허풍선이', '알프스 백치', '콜로신트 열매', '메리노 양', '허깨비', '쓰레기 즙', '아프리카 개미핥기', '뇌수종 환자' 등을 들 수 있다. 〈땡땡의 모험〉 시리즈에서 아독 선장이 즐겨 쓰는 이 욕설들 덕분에 에르제[1] 후손의 저작권 수입이 높아졌다는 우스갯소리도 있다.

아독 선장이 애용하는 '허깨비'나 '아프리카 개미핥기'와 같은 '욕설 탑3'에 '글리포세이트Glyphosate[2]'를 포함시키면 어떨까? '글리포세이트 같은 녀석!'은 '휩쓸고 간 자리는 전멸시키는 사람'이라는 의미로 극단적 비방에 사용될 수 있을 것이다. 러시아의 푸틴, 터키의 에르도안, 시리아의 알아사드, 모두의 예상을 뒤엎고 대통령으로 당선돼 전 세계를 놀라게 한 '미국의 무솔리니' 트럼프처럼, 현실판 로보캅이나 터미네이터의 모습을 한 살인자나 암살자를 지칭하는 어휘로 부상하기를 꿈꿔본다.

하지만 현실은 이러한 은유적 표현보다 훨씬 더 끔찍하다. 거대 기업 몬산토가 개발한 강력한 제초제는 실제로 치명적 독성을 갖고, 터미네이터처럼 지나가는 길에 있는 모든 것을 파괴한다. 해당 제초제로 키운 작물을 소비한 사람들의 90퍼센트에서 글리포세이트 성분이 검출되었다.

이보다 훨씬 더 걱정스러운 것은 바로 몬산토의 경제 모델이다. 글리포세이트는 그들이 만든 유전자변형작물GMO을 제외한 모든 것을 파괴하기 때문에, 황폐화된 지구에 몬산토의 GMO 작물만 자라나는 종말론적 전망을 갖게 된다.

유럽연합 내 글리포세이트 재승인을 둘러싼 논의가 성과없이 몇 달 동안 지속되고 있다. 유럽위원회는 조건부 허가 연장에 우호적인 반면, 몰타를 비롯한 몇몇 국가에서는 분명한 반대 의사를 표했고, 독일이나 프랑스를 비롯한 다른 국가들은 쉽게 입장을 취하지 못하고 있다. 프랑스는 기권 후 반대표를 던졌으나 유럽연합의 결정을 바꾸지는 못했다. 심상치 않은 기류가 감돈다. 유럽은 가중다수결[3]에 따라 과반수를 확보하지 못해 글리포세이트 허가를 잠정 연장했고, 회원국들은 화학부형제인 탈로아이민POE-tallowamine과 결합해 인간에게 치명적 결과를 초래할 수 있는 제초제의 운명을 여전히 정하지 못했다. 현재까지 글리포세이트를 원료로 하는 제품 132개가 시장에서 퇴출되었다. 농식품 업체로 시작해 괴물이 된 몬산토가 생물 다양성을 파괴하고, 인간의 건강을 위협한 죄로 네덜란드의 국제 법정에 섰다. 환경문제에 있어 진일보한 결정으로 두 팔 벌려 환영해야 한다. 몬산토는 20세기 초 이후 환경 오염을 유발하고, 전 세계적으로 수천 명의 목숨을 앗아간 강력한 독성 제품들을 유통해왔다. 폴리염화비페닐PCB은 잔류성 유기오염

물질POPs의 일종으로 동물의 번식과 인간의 생식에 해악을 끼쳤고, 2, 4, 5-T는 다이옥신을 포함한 에이전트 오렌지의 원료 중 하나로 미군이 베트남 전쟁 중 살포하며 세대를 거듭해 선천적 기형과 암을 유발했으며, 제초제 라쏘는 현재 유럽 내 사용이 금지되었고, 세계에서 가장 많이 사용된 제초제인 라운드업은 인간의 건강 및 환경에 관한 현대사 최악의 스캔들을 일으켰다.

전 세계 시민 단체들이 힘을 모은 덕분에 2016년 10월 몬산토는 인권 유린, 반인류 범죄, 생태학살로 고발되어 헤이그 국제법정에 서게 되었다.[4] 하지만 최근 유럽연합이 내린 일련의 결정들을 보고 있자면, 이젠 '몬산토'를 '비정규 기병', '허깨비', '글리포세이트'와 함께 교양 있는 욕으로 사용해도 좋을 듯하다.

따뜻한 크루아상에 담긴 철학

사랑하는 이들을 떠나보내는 것이야말로 참으로 하기 힘든 결심이다.

그들이 우리를 떠나간 것이든, 때가 되어 삶이 그들을 떠난 것이든, 누구도 이 순간이 왜 항상 너무 빨리 오는지, 왜 벌써 그 순간이 되었는지 알지 못한다. 살아 있는 자들은 슬픔에 넋을 잃고 남아서 자신의 차례를 기다린다. 우리의 시간이 올 것임을, 그 시간은 어김없이 오게 될 것임을 알고 있기 때문이다.

친구도, 지인도 아니고, 심지어 일면식도 없는 이들이 떠났는데 왠지 모르게 마음이 아플 때가 있다. 그들의 글을 알고 있거나, 읽어보았거나, 소위 말해 '즐겨 찾았기' 때문이다.

이상하게도 우리가 느끼는 상실감과 슬픔은 덜하지 않다. 동시대를 살던 작가, 배우, 예술가가 떠나고, 우리는 비탄과 쓸쓸함에 잠긴 채 버림받은 것처럼 남겨져 있다.

그런 일이 또다시 벌어졌다. 철학자 뤼방 오지앙이 세상을 떠났다. 불치병에 걸려 시한부 선고를 받은 그는 『나의 길고 아픈 밤』[5]을 유작으로 남겼다. 쇼펜하우어에게서 영감을 받아 책의 부제를 '비극이자 희극인 질병'이라 붙이고, 자신의 죽음과 거리를 두었다. 작가는 기품을 지키며 고통을 자조적으로 사유했다. 그는 고통에 반드시 이점이 따른다는 미명 아래, 고통이 좋은 것이고, 바람직하고, 옹호할 만하다고 믿게 만드는 고통효용론을 맹렬하게 비판했다. 뤼방 오지앙은 영미 철학의 사고방식에서 벗어나, 스스로 세운 가설에 '도덕적 요리'라는 이름을 붙인, 놀랍도록 재미있는 철학자였다. 그래서 그의 죽음이 더욱 슬픈지도 모르겠다.

폴란드 유대인을 부모로 둔 뤼방 오지앙은 전쟁이 끝나고 몇 년쯤 지나 독일에 있는 망명자 수용소에서 태어났다. 모럴리스트였지만 설교가는 아니었다. 몽테뉴를 자주 인용했으며, 생기 넘치는 하루를 시작하기에 매우 적절한 제목의 철학 에세이 『따뜻한 크루아상 냄새가 인간의 선함에 미치는 영향』[6]을 썼다. 이 책을 통해 작가는 우리의 행동과 선택에 대해 질문을 던진다.

어떤 철학자들은 '원적 문제', '충족 이유율', '도덕 형이상학'에 관한 고차원적 이론을 다룬다. 반면 뤼방 오지앙은 따뜻한 크루아상 냄새에 대해 사유하고, 우리의 감각과 감각의 쾌락과 풍미 가득한 체험이 우리의 기분을 비롯해 행동 양식과 규칙에 어떤 영향을 미치는가를 묻는다.

대단한 학위로 무장한 철학자치고는 "따뜻한 크루아상 냄새를 맡으면 더 쉽게 노숙자에게 적선을 하고, 그 냄새 하나로 우리가 더 나은 존재, 즉 더 인간적인 존재가 될 수 있는가"라는, 다소 의아한 질문을 던졌다.

행동 영역에 있어서 오로지 이성에 따른 자율에 호소한 칸트와 달리, 뤼방 오지앙은 도덕론을 정립하려 하지 않았다. 죽이는 것과 죽게 내버려두는 것은 같은 것일까? 학살을 피하기 위해 무고한 사람을 처단하는 것이 허용될까? 희생자가 없는 도덕적 과오가 존재하나? 가치가 없는 삶을 산다 해도, 태어나는 게 나을까? 그는 이처럼 아주 어려운 윤리적 질문을 통해 독자들이 형이상학적 고찰을 하도록 만든다.

> 66
>
> 사랑은 괴롭다. 괴롭지 않으려면, 사랑을 피해야 한다.
> 하지만 그 경우 사랑하지 않아서 괴롭다.
> 결국 사랑하는 것도 사랑하지 않는 것도 괴롭고,
> 괴롭고, 괴로운 일이다!
>
> 우디 앨런Woody Allen
>
> 99

뤼방 오지앙은 에세이집 『철학하거나 사랑하기』[7]에서 그와 마찬가지로 모럴리스트인 우디 앨런의 말을 인용했다. "사랑은 괴롭다. 괴롭지 않으려면, 사랑을 피해야 한다. 하지만 그 경우 사랑하지 않아서 괴롭다. 결국 사랑하는 것도 사랑하지 않는 것도 괴롭고, 괴롭고, 괴로운 일이다!" 반박할 수 없는 논리 전개다.

유작에서는 보다 진지하게 "아픈 것이 진정 나의 업이 되는 중이다. 하지만 난 정말로 해고당하고 싶다"고 고백한다. 우리 역시도 불치병이 대대적으로 총회를 소집해 그를 쫓아내기를, 그가 고통의 내부고발자로 지목되어 언론의 주목을 받기를, 중대 과실로 해고된 그가 시간의 실업자가 되기를 얼마나 바랐는지 모른다.

이상하다. 일면식도 없는 철학자, 작가, 소설가, 시인, 예술가, 음악가들이 추억처럼 세상을 바라보는 열린 시선을 남기고 세상을 떠난다. 그들은 웃음의 힘을 통해 우리와 온 우주를 화해시킨다. 웃음은 함께 나눌 수 있기에, 우리는 웃음 안에서 세상에서 가장 너그러운 정신을 알아보는 게 아닐까?

4분 33초의
침묵

침묵은 무無가 아니다. 프랑스 시인 르네 샤르는 침묵을 '진실의 상자'라 불렀다. 그런데 왜 침묵에는 대개 망설임과 주저함, 약간의 동요가 함께 느껴지는 것일까?

침묵은 다양한 얼굴을 가지고 있다. 불편한 침묵, 비밀을 감출 때의 무겁고 부담스러운 침묵, 권력 기관이 "입 다무세요!"라 외치며 강요하는 난폭한 침묵, 묵념의 침묵, 일순간 조용해져 '천사가 지나가는 시간'이라 불리는 침묵도 있으며, 사유나 친근함 또는 신중함에서 비롯된 금처럼 귀한 침묵도 있다.

　하지만 세상의 광기는 침묵을 두려워한다. 세상은 침묵보다는 소음을, 높은 데시벨을 선호한다. 마치 침묵이 음악가와 은자들, 기도나 명상하는 자들만을 위한 것이라도 되는 듯

이 말이다.

존 케이지는 짧고도 긴 작품을 통해 우리에게 조금 특별한 경험을 선사한다. 시간의 흐름을 체험하게 하여 침묵의 길이를 느끼게 하는 것이다. 그의 작품 〈4분 33초〉는 4분 33초 간의 침묵으로 이루어져 있다.

1948년 존 케이지는 『작곡가의 고백』에서 4분 33초 동안 이어지는 침묵을 작곡하는 것이야말로 그의 가장 간절한 소망이며, 곡의 제목은 아마도 '침묵의 기도'가 될 것이라 적었다. 〈4분 33초〉는 침묵의 깊은 음악성으로 주목을 끌며, 풍부한 주변 소음을 들을 수 있게 돕는다. 바로 콘서트장에서 관객이 연주하는 음악을 듣게 하는 것이다. 관객의 숨소리, 목을 가다듬는 소리, 의자가 삐걱대는 소리, 팔찌가 찰랑거리는 소리, 마른 기침 소리, 눈을 깜박이는 소리, 공연장에 울려 퍼지는 휴대전화의 벨소리 등을 쉽게 상상할 수 있다. 이 모든 것이 〈4분 33초〉를 이루고 있다.

●

하지만 세상의 광기는 침묵을 두려워한다.
세상은 침묵보다는 소음을,
높은 데시벨을 선호한다.

●

〈4분 33초〉가 어떻게 탄생했는지를 이해하기 위해서는 1940년대 말로 거슬러 올라가야 한다. 케이지는 엔지니어들이 이제 막 설계를 마친 무향실[8]을 방문하기 위해 하버드대를 찾았다. 케이지는 '케이지'에 들어서며, 예의 그렇듯 침묵이 '들리기'를 기대한다. 하지만 그는 침묵이 아닌 '날카로운 소음'과 '무거운 소음'을 들었다. 담당 엔지니어는 '날카로운 소리'는 케이지 자신의 신경계가 활동하는 소리이며, '무거운 소리'는 그의 몸속에서 혈액이 순환하는 소리라고 알려주었다.

당시 케이지와 교우하던 예술가 가운데는 미국 팝아트 거장 로버트 라우센버그도 있었다. 이때 라우센버그가 제작한 〈흰색 회화〉[9] 연작은 케이지에게 시각적 '여백'이나 '무색'을 음악에 적용하게끔 아이디어를 주었다.

그러나 라우센버그의 작업 외에, 케이지 작품에 또 다른 영감을 주며 중대한 영향을 미친 것은 '무위無爲'라는 도교의 중심 사상이었다. '아무것도 하지 않는다'는 의미의 '무위'는 세상사에 나서거나 개입하지 않는 것이다. 케이지는 실제로 콘서트를 열어 4분 33초 동안 아무것도 하지 않고, 미동도 없는 침묵을 지키며, 어떤 행동도 취하지 않았다. 사실 그것은 시간의 신비로움을 탐구하는 '퍼포먼스'였다.

〈4분 33초〉는 침묵의 시간을 경험하고, 시간의 속성을 생각하게 만드는 심오한 철학 작품이다. 사실 시간의 신비로움은 오래전부터 사유의 대상이었다. 고대 그리스인들부터 아우구스티누스, 베르그송, 하이데거에 이르기까지 사람들은 시간과 관련하여 빼어난 글을 남겼다. 하지만 우리는 일상에서 시간을 '죽인다'는 말을 쉽게 듣는다. 이제는 이토록 유감스러운 표현과 작별을 해야 할지도 모르겠다. 이 말은 시간이 우리를 죽인다는 사실을 잊게 만들기 때문이다. 죽음을 죽이고 싶어하는 것만큼이나, 시간을 죽인다는 주장은 헛되고 무례하다.

마지막으로 시간은 너무나 소중하기에, 어느 고대 그리스 비극 시인의 말을 되새겨보고자 한다. 적재적소에 적확한 언어를 추구했던 에우리피데스는 "침묵보다 더 강한 말이 있을 때에만 말하라. 그렇지 않다면 침묵을 지키라"고 조언한다.

걱정되지만
안심되는

언어는 환상적인 도구이다.

언어 덕분에 우리는 '안녕'처럼 간단한 인사를 전하고, '고마워', '미안해'와 같은 소중한 말도 나누며, 웃음을 주거나, 위로를 건넬 수 있고, 사랑의 말을 속삭인다. 마찬가지로 '지구는 오렌지처럼 푸르다'와 같이 시적인 문장을 만들어낼 수도 있고, 희망과 약속을 주고받을 수도 있다. 하지만 말로 상대를 속이거나, 배신하기도 하며, 말도 안 되는 소리도 할 수 있다. 말이 갖는 '진실'의 중대성을 깨달은 언어의 선구자들과 이론가들은 담화의 규칙을 정립하려 애썼다.

서양에서는 아리스토텔레스가 최초로 '지구는 오렌지 처럼 푸르다'와 같은 문장이 논리라는 커다란 틀에 비추어, 수용 가능한 명제인지 고민했다. 그의 스승 플라톤도 언어가 우리를 현실과 가깝게 하는지, 멀어지게 하는지를 고민하며, 언어에 대해 질문했다. 플라톤의 『크라틸로스』에서 소크라테스는 "사물들을 명명하는 행위에서 무슨 일이 벌어지는가?"라고 묻는다.

모든 사고 체계는 각각의 고유한 사고 체계를 지닌다. 프랑수아 줄리앙이 여러 에세이를 통해 분석한 바와 같이, 중국식 사고는 횡적인 논리, 즉, 가장 모순된 방식으로 현실을 사유하고 이름 붙이는 우회적인 논리를 발전시켰다.[10] 따라서 세계를 묘사하는 두 가지 축인 음과 양은 낮과 밤, 위아래, 동서, 흑백과 달리 극과 극으로 대립되는 반대 개념과는 거리가 멀다. 이러한 중국식 사고는 음과 양이 유기적으로 결합된 음양 문양에서도 드러나는데, 이는 우주에 속하는 어느 하나를 그 반대의 것 없이는 생각할 수도, 표현할 수도 없다는 것을 시각적으로 보여준다. 중국식 논리는 서양인들을 혼란에 빠뜨렸다. 왜냐하면 극과 극으로 모순된 두 가지가 완전히 양립 가능하며, 공존할 수 있다는 인식은 서양식 사고를 근본적으로 뒤흔들기 때문이었다.

서양식 사고방식은 논리 또는 논증으로 구성되며, 다음

두 가지 원칙에 기반한다. 첫 번째는 동일률인데, 어떤 사물이 다른 사물과 대립 구분되면서 동등하게 존재하는 개개의 성질을 말한다. 즉, 당신은 당신이고, 나무는 나무이며, 고양이는 고양이지 토끼는 아니라는 것이다. 두 번째 원칙은 비모순율 또는 배중률[11]로, 모순된 두 가지가 동시에 사실일 수는 없음을 전제로 한다. 예를 들어 낮이면서 동시에 밤일 수 없고, 습하면서 동시에 건조할 수 없고, 사물은 작으면서 동시에 클 수 없다. 아리스토텔레스가 정립한 이 논리에 따르면, 습하든지 건조하고, 낮이든지 저녁이고, 물건이 작거나 크지 동시에 둘일 수는 없다는 것이다.

동일률과 비모순율은 근본적으로 현실을 일관되게 바라볼 수 있게 만들어준다. 그래서 우리는 모순적인 명제들, 논리를 속이는 기만적 사기로 가득 찬 반리反理나 궤변을 거부하는 것이다. 조작은 일상의 언어뿐 아니라 고도화된 전문 광고, 선전, 정치 연설에 이르기까지 분명 여기저기 존재한다. 그리하여 미국의 44대 대통령 버락 오바마가 후임자인 도널드 트럼프 대통령 임기와 관련해 '걱정되지만 안심된다'라고 말했을 때 우리는 고개를 갸우뚱하게 된다. 서양식 논리에 비추어 볼 때 매우 의아한 발언이기 때문이다. 의사가 환자에게 건강검진 결과를 설명하며 '걱정되지만 안심된다'고 말한다면? 안심되는 것보다 걱정되는 편일까, 아니면 걱정되는 것보다 안심되는 편일까?

오바마는 트럼프를 두고 '걱정되지만 안심된다'[12]고 말
했다. 이는 걱정된다는 말일까 안심된다는 말일까? 아니면 모
든 논리를 초월해, 걱정도 되고 안심도 된다는 말일까?

●

아리스토텔레스를 계승한 서양식 사고방식에 따르면

낮이면서 동시에 밤일 수 없고,

습하면서 동시에 건조할 수 없고,

사물은 작으면서 동시에 클 수 없다.

●

헤밍웨이와 볼테르를
다시 읽는 일

사람들이 뭐라 하건 과거는 영원히 봉인된 항구적
인 시간성을 지니지 않는다.

과거를 중시하는 이들은 부당한 공격을 받기 일쑤이다. 그들은
시대에 뒤떨어지고, 과거 회귀적이며, 보수적이거나, 한물간
낭만주의자 취급을 받는다. 마치 백미러를 보는 것이 운전에
방해가 되어, 앞으로 나아가지도 갈 길을 가지도 못하게 만든
다는 듯 말이다. 현대인들은 과거를 반추하는 것이 우수에 젖
는 것이 아니라 시야를 넓혀 미래를 향해 자유롭게 도약할 수
있게 해준다는 정신분석학자, 인류학자, 역사학자의 가르침을
무시한다.

그리하여 우리는 과거에 귀 기울이지도, 관심을 보이지도 않는다. 기억을 순순히 컴퓨터에 맡김으로써, 전화번호나 시 한 편, 아르튀르 랭보나 샤를 보들레르의 운문 몇 줄도 외우지 못하게 되었다. 결국 과거에 대한 망각은 더욱 심해졌다. 현대인들은 기술의 발달과 함께 기억의 외주화를 택했다. 하지만 이러한 의존의 대가는 무엇일까? 고장이나 해킹, 랜섬웨어가 몰고 올 수 있는 혼돈에 대해 우리는 충분히 인식하고 있나? 패트리샤 로제마 감독이 〈인투 더 포레스트〉를 통해 보여주듯, 갑자기 컴퓨터가 꺼지거나, 화면이 먹통이 된 경험을 해본 이들은 알 것이다. 삶의 중요한 시기나 추억, 지난날의 생생한 기억들이 휩쓸려가고, 삭제되고, 지워져, 다시 못 올 과거를 회상할 사진 한 장 없이 위로받지 못하는 상황이 어떤 것인지.

2015년 11월 잊지 말아야 할 파리 테러가 발생하자, 예기치 못한 일이 벌어졌다. 사건이 터지기 전까지만 해도 유럽인들은 전쟁이 벌어지고는 있으나, 자신들이 사는 곳과는 무관하다는 천진난만한 생각으로 평온히 잠을 청할 수 있었다. 기억을 외주한 것과 마찬가지로, 전쟁터를 유럽 밖으로 이전했다고 믿었기 때문이다. 연쇄적으로 발생한 테러의 충격으로 많은 유럽인들이 깨어났다. '왜? 어떻게 이런 일이 가능할까? 무슨 잘못을 했기에 벌을 받게 된 것일까?'와 같은 질문이 술 마신 다음 날처럼 머리를 어지럽혔다.

이러한 폭력에 맞서 누군가는 놀랍도록 위엄을 지켰으며, 누군가는 증오로, 혹은 유머로 대응했다. 두렵고 이해불가능한 일 앞에서 의아하게도 '과거에 대한 호소'로 답한 이들도 있었다.

2015년 11월 13일 바타클랑 공연장에서 테러가 벌어진 다음 날, 전 세계 독자들이 어니스트 헤밍웨이의 『파리는 날마다 축제』를 다시 읽으며, 서점의 재고가 바닥났다. 테러 당일 저녁 샤론가에 총성이 울려 퍼지고, 콩투아르 볼테르 바에서는 폭탄이 터졌다. 우연의 일치였을까? 그로부터 몇 달 전인 2015년 1월 서점에서는 볼테르의 『관용에 관한 에세이』가 그 어느 때보다도 불티나게 팔렸다. 볼테르는 기성 종교와 체제의 전횡을 서슴없이 고발하던 18세기 지식인이었다. 데카르트에게서 이어진 프랑스 정신을 누구보다 잘 구현한 그는 계몽주의를 대표하는 자유로운 영혼의 소유자였다.

> **"**
>
> '사페레 아우데 Sapere aude'
>
> 과감히 생각하고 지성을 발휘하라.
>
> 이것이 너를 더 자유롭게 하리라.
>
> 호라티우스 Horace
>
> **"**

볼테르가 아닌 다른 작가가 소환될 수도 있었을 것이다. 이마누엘 칸트는 프로이센 학자였지만, 프랑스를 우러러보며, 민족의 지성에 신뢰를 보이고, 매일 같은 시간에 하던 산책 시간까지 바꿔 가며 1789년 프랑스 대혁명에 갈채를 보냈다.

칸트는 다소 복잡하게 느껴지는 글을 썼지만, 『계몽이란 무엇인가』[13]라는 제목의 글만큼은 위대하고 명료하다. 이 책을 통해 인간은 충분히 자유롭지 않으며, 일종의 게으름으로 자신을 가둔다고 지적했다. 이를테면 성년이 되어 책임감 있는 어른이 되는 대신, 스스로 미성년 상태로 남아 있기를 선택한다. 2세기 전 몽테뉴의 친구였던 에티엔 드 라보에티가 '자발적 복종'[14]이라 명명한 상태에 머무르기를 선호하는 것이다. 칸트에 따르면 사고 수준이 미성년에 머무르는 인간은 '용기'와 '결단력'이 부족하여 지도자의 판단에 의지한다. 갈 길을 스스로 정하기보다, 주인, 의사, 부장, 대통령, 목사, 교황, 이슬람교 지도자, 구글, 교주, 아이돌, 과장된 제스처를 하는 정치인이나 영화계 스타 등을 지도자 삼아 결정을 위임하는 편이 더 쉽기 때문이다. 칸트는 인류가 개인적으로나 집단적으로 행동력을 회복하는 역사적 순간이 오기를 염원했다. 그러한 바람을 '사페레 아우데Sapere aude'라는 고대 로마 시인 호라티우스의 문장을 빌려 표현했다. 이 말은 '과감히 생각하고 지성을 발휘하라. 이것이 너를 더 자유롭게 하리라'로 해석될 수 있다.

지구촌 곳곳에 처참한 결과가 하나둘 쏟아진다. 2016년 미국 시민들은 트럼프를 자신들의 지도자로 선택했고, 체코인들은 그 뒤를 따르고, 러시아는 기회를 엿보고 있으며, 시리아는 여전히 살얼음판을 걷고 있다. 터키 대통령 에르도안은 비밀리에 대학살을 이어가고 있으며, 오스트리아는 과거로 회귀하고, 우익 사상이 이곳저곳을 지배하며, 전 세계는 숨을 죽이고 있다.

험난하고 긴 여정이 우리를 기다리고 있다.

수학자는 태양과 달을 연구하나 그들 발 밑에 무엇이 있는지 모른다.

디오게네스Diogène

폭염, 현자, 니체

왜 인간은 나체를 문제 삼는가? 왜 알몸 앞에 시선은 갈 곳을 잃고, 매번 혼란에 휩싸일까? 법과 공공질서 때문일까? 고대의 철학에서 답을 찾을 수 있다.

고대 그리스 키니코스학파Cynicos는 오늘날 우리가 흔히 알고 있는 '냉소주의cynicism'의 의미와는 거리가 먼 진정한 교육자들이었다. 그들의 스승이자 익살스러운 광대로 여겨지던 시노페의 디오게네스를 고대 그리스인들이 '무뢰한'으로 부른 것은 그의 예측 불가능하고, 극적이며, 외설적이고, 엉뚱한 면 때문이었을 것이다. 디오게네스에 관한 여러 일화들은 오늘날까지 전해져 내려온다. 대제국 건설에 한창이던 알렉산더 대왕은 코린토스를 방문했다. 한 유명인사를 만나기 위해서였다. 그는 산발에 더러운 몰골을 한, 한마디로 세련과는 거리가 멀며, 서슴없이 오줌을 갈기고, 공개적으로 수음을 하던 철학자 디오게네스였다. 사뮈엘 베케트 희극에 나올 법한 인물로, 반나체로 항아리 안에서 생활했다. 역사가들이 전하는 바에 따르면, 원하는 것을 말하면 무엇이든 다 들어주겠다는 알렉산더 대왕의 제안에, 디오게네스는 "내 햇빛을 가리지 마시오!"라는 재기발랄한 답변을 날렸다. 짧지만 강렬한 이 대답은 역사에 길이 남았다.

시칠리아에서 갠지스 강 하구에 이르기까지 지중해 전체가 알렉산더 대왕 앞에서 머리를 조아리던 시절이었지만, 디오게네스는 그토록 무례한 답을 하는 데 거리낌이 없었다. 하지만 이후에 더 놀라운 일이 벌어졌다. 알렉산더 대왕은 권력자가 베푸는 호의는 일절 사양하겠다는 오만한 디오게네스를 보며 깊은 깨달음을 얻었다. 모든 예상을 뒤엎은 반응이었다. 철학자와의 만남 뒤 그는 "내가 만약 알렉산더가 아니었다면, 디오게네스가 되고 싶었을 것이다"라고 고백했다. 모두가 경외해 마지않는 정복왕 알렉산더가 모든 면에서 자신과는 정반대인 자, 관습을 비롯한 모든 것에서 자유로운 자, 부와 권력을 잃을 두려움에서 해방된 자가 되기를 바랐던 것이다.

파괴적인 사유 방식으로 명성이 자자했던 디오게네스는 사실 존경받는 철학자였다. 그런데 그는 왜 사계절 내내 나체로 생활하기를 고집한 것일까?

가장 큰 이유는 우리에게 인간의 본성을 억지로 거스르는 온갖 문화, 실정법, 교육, 의복, 풍습, 사회적 관습에 대해 생각해보도록 이끌기 위해서다. 옷을 입고 생활하는 이들에게 키니코스학파는 나체를 드러내 보이며, 모든 선의 유일한 근원이라 할 수 있는, 보편적 자연의 법칙에 따라서만 살 것을 권했다.

키니코스학파는 요리를 불필요한 사회적 관습이자, 필요 이상의 사치, 일탈이라 여기고, 생선을 날것으로 먹었다. 디오게네스는 같은 논리를 들어, 문화의 산물인 글쓰기를 거부했다. 위대한 이론이나 박사 학위를 내세우는 대신, 도심 한가운데에서 온갖 전복적인 해프닝을 연출하며, 동시대인들을 도발하는 것을 즐겼다. 디오게네스는 제자들에게 공공장소에서 오줌을 갈기고, 사랑을 나누거나, 죽은 생선을 줄에 매달아 산책시키는 등의 훈련을 통해, 웃음거리가 될 것을 두려워 말고, 타인의 판단을 필요 이상으로 중요하게 생각하지 않는 법을 가르쳤다.

●

현자는 아무것도 소유하지 않았기에
그에게서 어떤 것도 빼앗을 수 없고,
아무것도 걸치지 않았기에 어떤 것도 벗겨 낼 수 없다.

●

어쨌든 디오게네스는 보편적인 선의 법칙에 따라, 가장 단순하고, 가장 간소하게, 극도의 물질적 결핍 속에서 내적인 힘을 키우고, 추위와 굶주림과 갈증을 견디며 살기 위해 애썼다. 현자는 아무것도 소유하지 않았기에 그에게서 어떤 것도 빼앗을 수 없고, 아무것도 걸치지 않았기에 어떤 것도 벗겨 낼 수 없다.

'키니코스'는 그리스어로 '개와 같은'이라는 뜻이며, 영어로는 'cynics'라 한다. 그들의 토템 동물인 '개'를 그리스어로 쿠온kuon이라고 한다.[1] 세상을 비웃는 듯한 키니코스학파에서 '냉소주의cynicism'라는 표현이 탄생하고, '폭염'을 뜻하는 프랑스어 단어 'canicule'이 '작은 개'를 의미하는 라틴어 'canicula'에서 유래된 것은 우연이 아니다. 그리스인들은 '큰 개자리 별'이라 불리는 '시리우스 성'이 떠올라 태양에 불을 붙여 여름이 시작된다고 보았다. 개들을 도발적이고 반항적인 철학자들처럼 유난히 신경질적으로 만드는 폭염의 원인이 바로 '시리우스 성'에 있다는 것이다.

키니코스학파의 철학자들은 '민첩한 개'라 불리는 체육관에 모여 인간의 본성에 대해 고민하고, 폭염을 피해 더위도 식혔다.

낱말의 어원을 비롯한 모든 것이 서로 연결되어 세상의 이치를 보여준다니! 디오게네스는 숨쉬듯 자유로운 나체 생활을 추구했다. 개처럼 본성에 따르는 삶을, 학구적이 아닌 연극적인 사유 방식을 택했기 때문이다. 플라톤은 그를 두고 '미친 소크라테스'라 불렀다. 플라톤의 말대로라면 현자가 되는 미친 방법이 존재할지도 모른다.

군주, 피타고라스
그리고 패럴림픽

인간은 무릇 사물의 역사와 시초, 그 유래를 탐구
한다.

우리는 이 세계의 기원에 대해 묻는다. 누가 신을 창조했나? 어
떻게 **호모 사피엔스**가 등장했나? 빅뱅 **전에** 무슨 일이 벌어졌을
까? 이러한 질문은 세계의 탄생에 관한 것일 뿐 아니라, 우리의
조상 그리고 우리 자신에 관한 것이기도 하다. 우리의 부모는
누구이며, 어디서 왔나? 그들은 어떤 어린 시절을 보냈고, 어떻
게 만났을까? 서로 사랑했을까? **그전에** 다른 사람을 사랑했을
까? 쿠르베의 〈세상의 기원〉, 보티첼리의 〈비너스의 탄생〉, 오
를랑의 〈전쟁의 기원〉 등 예술 작품도 그 역사에 대해 묻는다.

철학도 예외가 아니며, 아주 오래전부터 그 기원에 대한 질문을 던졌다. 철학은 거대한 서사에 의존하며 자연 현상에 대한 설명을 그만두고 나서야 완전한 학문으로 태어났다. 철학자들은 신이 투구와 갑옷, 검으로 완전 무장한 채 허벅지에서 태어난 존재가 아니라는 사실을 받아들이고, 암흑을 지배하는 거대한 독사 아포피스가 태양을 삼켜 매일 밤이 찾아오는 것이 불가능하다고 보았으며, 데메테르와 그녀의 딸이 때가 되면 이별을 해 대지에서 어떤 작물도 나지 않는 겨울이 오는 게 아니라고 주장했다. 또한 시간의 신이 하늘의 신을 거세해 지중해에 씨가 퍼져 타이탄족이 나온 것이 아니라 믿고, 신화와 거리를 둠으로써 보편적이고 합리적인 사고로 이끌었다. 신화도 물론 인간 기원에 관한 고유한 이야기를 들려주고 있지만, 이는 역사가 시작되기 전의 것이다. 예컨대 〈타이탄〉이나 톨킨 원작의 〈반지의 제왕〉, 바그너 오페라 4부작이나 모차르트의 〈이도메네오〉는 인류의 기원이라는 우리 자신에 관한 이야기를 들려주며 성공을 거둘 수 있었다. 하지만 철학은 인간과 관련된 질문에 답을 구하기 위한 여정에서 다른 길을 택했다.

키케로는 '철학'이라는 말의 어원을 설명하면서 고대 수학자 피타고라스에 관한 일화를 들려주었다. 웅변가이자 로마 정치인이었던 키케로는 『투스쿨란의 대화』[2]에서 플라톤의 제자 헤라클레이데스가 들려준 이야기를 전한다.

고대 그리스 도시국가 플리우스의 군주 레온은 피타고라스가 깊은 지혜와 학식으로 감탄을 불러일으키는 설교를 한다는 말을 듣고 그를 만나기를 희망했다. 초대에 응해 궁전에 찾아온 피타고라스에게 그가 어떤 일을 전문으로 하는 사람이며, 그러한 기술이 어디서 왔는지를 물었다. 피타고라스는 자신은 어떤 직업도 없는 철학자라고 답했다. 소포스나 현자와 같은 단어는 알고 있었으나, 이제껏 한 번도 들어본 적 없는 철학자라는 새로운 명칭에 어리둥절한 왕은 피타고라스에게 철학자가 어떤 사람인지 설명해달라고 요구했다. 그러자 피타고라스는 비유를 들며 답을 이어갔다.

●

우리 삶은 게임이나 스포츠 시합과 닮았으며,
이러한 삶이라는 거대한 경기에 철학자들은
어떤 사심도 없이,
하지만 항상 깨어 있는 정신으로 참여한다.

●

피타고라스는 인간의 삶은 세 부류의 인간이 참여하는 범그리스 경기와 비슷하다고 설명했다. 첫 번째 부류의 인간은 상이나 영광, 명예를 얻기 위해 애쓰는 운동선수이고, 두 번째 부류는 무엇인가를 팔거나 사러 온 인간으로, 요즘으로 따지면 스폰서나 사업가라고 할 수 있다. 그리고 마지막 부류의 인간은 그 수가 많지는 않으나 셋 가운데 가장 고귀한 자들로, 영예나 부를 추구하지 않고, 그저 일어난 일을 보고 관찰하는 자들이다. 피타고라스에 따르면 철학자는 세 번째 부류의 인간과 마찬가지로 대다수의 사람들이 소유하려고 하는 돈과 명예를 하찮게 여기며, 사물의 본성, 즉 현실 그 자체를 깨닫기 위해서 존재하므로 질문을 던진다.

피타고라스가 말하는 '철학자' 즉, '지혜를 사랑하는 사람'은 이처럼 진실을 사랑하고, 추구하나, 소유하지는 않는 자들이다.[3] 우리 삶은 게임이나 스포츠 시합과 닮았으며, 이러한 삶이라는 거대한 경기에 철학자들은 어떤 사심도 없이, 하지만 항상 깨어 있는 정신으로 참여한다. 근대 올림픽은 '참여' 그 자체에 의미를 둔다고 하지만 게임에는 반드시 승자와 패자가 있게 마련이다.

올림픽과 관련해 역사에 길이 남을 만한 일이 있었다. 브라질 리우데자네이루의 마라카낭 주경기장에서 온 관중이 기립한 전설적인 사건이었다. 2016년 9월, 패럴림픽 개막식에서 한 뇌성마비 장애인이 올림픽 성화 봉송 마지막 주자 가운데 한 명으로 나섰다. 그에게는 한 발을 내딛는 것이 그 무엇과도 비교할 수 없는 위업에 속했다. 오른손에 지팡이를, 왼손에 올림픽 성화를 잡고, 빗속을 가로질러 성화대로 향하는 그의 발걸음이 몹시 불안정하게 흔들렸다. 비틀대던 그가 끝내 균형을 잃고 수천 명의 관중 앞에서 미끄러지며 넘어졌다. 잠깐의 정적이 흘렀고, 당장 성화 봉송을 중단해야 하거나, 다음 주자에게 성화를 넘겨야 한다고 생각하는 이들도 있었을 것이다. 하지만 그는 몸을 일으켜 세웠다. 형언할 수 없는 위엄을 내뿜으며, 오른손으로 지팡이를, 왼손으로 성화를 다시 붙잡고, 열광적인 환호를 받으며 비에 젖은 연단 위를 계속 걷고 뛰었다.

이날 수백만 명의 관중은 넘어져도 다시 일어나는 불굴의 정신력에 박수갈채를 보냈다. 그야말로 진정한 철학자가 아니었을까?

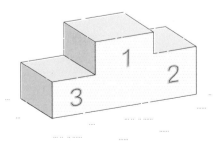

열세 번째 별자리,
뱀주인자리

우주를 측량하던 바로 그날 근대 천문학자들은 한 가지 오류를 범했다. 오늘날 진실이 밝혀지고, 우리가 철석같이 믿고 있던 별자리에 따른 운명이 불확실해졌다.

태어난 날의 천체 위치에 따라 법, 예술, 금융, 의학 분야에 특출난 재능이나, 나태함이 결정된다고 여겨왔는가? 그렇다면 우리의 운명과 삶 전체를 다시 생각해봐야 할 것이다.

우리는 스스로 그렇다고 믿었던 존재가 아니며, 우리의 별자리는 실제 별자리와 다르다. 왜 이런 혼란이 발생하게 된 걸까? 왜 믿음이 흔들리게 된 걸까? 나사NASA의 연구 결과에 따르면 별자리 수는 12개가 아닌 13개다. 열세 번째 별자리가 끼어들어 천체력이 완전히 뒤엎어진 것이다. 이 침입자의 이름은 '뱀주인자리'이다.

당신은 별자리 운세에 관심이 없거나, 믿지 않을 수도 있다. 별자리는 우리가 태어난 순간 태양 뒤로 위치한 성좌를 나타낸다. 뱀주인자리는 실제로 전갈좌와 사수좌 사이에 위치해 태양 주위를 도는 것으로 밝혀졌으며, 이에 따라 우리가 중요시하는 모든 기준이 바뀌게 되었다.

●

태어난 날의 천체 위치에 따라 법, 예술, 금융, 의학 분야에
특출난 재능이나, 나태함이 결정된다고 여겨왔는가?
그렇다면 우리의 운명과 삶 전체를
다시 생각해봐야 할 것이다.

●

점성가들은 오래전부터 편의상 뱀주인자리를 제외시킨 것으로 보인다. 근대 천문학자들 역시 뱀주인자리를 별자리에서 제외하기로 했는데, 360도의 구형을 13개로 나누는 것보다 30도씩 동일하게 12개로 나누는 것이 더 간편했기 때문이다. 여기에 더해 별자리 간의 경계, 즉 별자리마다 기간이 다르다는 것 또한 계산을 복잡하게 하는 결정적 요인이었다.

그렇다면 우리 중 일부에 해당되는 뱀주인자리는 어떤 별자리일까? 뱀주인자리는 그리스 신화에서 인류 역사상 가장

위대한 의사였던 아스클레피오스를 상징한다. 그는 아폴론의 아들 가운데 한 명으로, 제우스가 내린 번개를 맞고 죽는다. 뱀을 죽였다는 이유에서였다. 아스클레피오스가 죽은 뱀에서 채취한 독을 분석해 의학적 지식을 넓히고 죽은 자를 되살리자, '지옥의 신' 하데스는 실업자가 될까 두려운 나머지 동생 제우스에게 아스클레피오스를 죽여달라고 부탁한다. 이성적인 사고보다 혈연 관계를 중시한 제우스는 형의 부탁을 받고 번개를 내려 아스클레피오스를 죽였고, 이후 인간은 예외 없이 죽음을 맞이하게 된다고 선포했다.

하지만 아폴론의 아들인 아스클레피오스는 여전히 신으로 남아, 뱀 형상을 한 뱀주인자리가 되었고, 다른 신들과 마찬가지로 별자리가 되어 하늘에서 반짝인다.

이후 '메신저의 지팡이'를 의미하는 카두케우스가 의사를 상징하게 되었다. 뱀 한 마리가 지팡이를 감고 있는 형상을 통해 '신의 심부름꾼'이 의술의 기원임을 상기시켜준다.[4]

불과
분노

천재지변, 폭풍우, 화산 분화, 지진과 같은 자연의
변덕 앞에 인간은 무력하다. 이를 상대로 싸우는
것은 부질없는 짓이다.

자연계에서는 거의 발생하지 않는 가역 현상과 관련하여, 수
사학의 파급력은 가히 파괴적일 수 있다. 이를 누구보다 잘 알
던 소피스트 고르기아스는 그리스의 여론에 맞서 트로이의 헬
레네를 칭송했다. 그의 변론은 유명세를 탔으며, 이를 통해 자
신의 탁월한 웅변력을 보여주었다. 고르기아스는 사람들의 분
노를 자극하고, 자신의 목적을 달성하기 위해 단어를 조합하
고, 경이적인 문장을 만들어내는 데 누구보다 뛰어났다. 문제
는 도덕성도 감정도 메마른 것으로 유명한 그가 모방의 대상

이 되었다는 점이다.

고르기아스 이후 2천 년이 흐른 뒤, 음지의 조언자들의 계략과 그들의 출세욕, 연설문 대필가와 홍보 전문가들의 농간이 혼란을 야기하고, 헛소리의 향연을 부추기고, 음모를 조장하고, 극심한 망상증을 키웠다. 결국 이 세계가 그러한 빈틈과 공허 위에 세워졌으며, 따라서 이 세상에 우리를 고양시키거나 성장시켜줄 어떤 위대함도 없다는 것을 깨닫게 된다. 이렇듯 오로지 말의 힘만으로 권력을 얻는 자들은 필연적으로 평화를 해치고, 갈등을 격화시킨다. 수사학이 종종 지독히 교묘하긴 하지만, 언제나 현명한 것은 아니다. 수사학에는 영혼 혹은 블레즈 파스칼이 섬세한 정신이나 미학, 세련됨이라 부른 것들이 부족하기에 결코 위대해질 수 없다.

●

자연계에서는 거의 발생하지 않는 가역 현상과 관련하여,
수사학의 파급력은 가히 파괴적일 수 있다.

●

그리스인들은 메넬라오스의 정실 부인인 헬레네의 미모가 끔찍한 트로이 전쟁을 일으켰다고 믿었다. 고르기아스는 이에 맞서 헬레네를 옹호하며, 자신의 웅변술로 여론을 꺾을 수 있을지 시험하기를 즐겼다. 전설적인 트로이 전쟁으로 이름

모를 수많은 병사가 화살에, 검에, 창에 찔려 목숨을 잃었다. 전쟁이 장기화되며 희생자의 수도 늘어갔는데, 그 가운데 트로이의 헥토르에 의해 살해된 파트로클로스와 같은 유명인도 있다. 이후 아킬레우스의 손에 헥토르가 죽음을 맞이하며 전쟁은 끝났다.

하지만 공포를 나타내는 '두려움과 떨림'이란 표현은 그리스 신화가 아닌 성서에서 유래되었다. 바로 『필립비인들에게 보낸 편지』에서 유래되었는데 그 일부를 키르케고르가 에세이 『두려움과 떨림』에서, 이후 아멜리 노통브가 자신의 여덟 번째 소설 『두려움과 떨림』에서 인용한 것이다. 아멜리 노통브는 이 소설을 통해 1946년까지 살아 있는 신으로 여겨졌던 천왕 앞에서 '두려움과 떨림'을 갖고 경외할 것을 강요한 일본 예법을 소개했다.

알렉산더 대왕에게 경배를 보내지 않으면 그 자리에서 즉시 목이 잘려나갔다. 프랑스어로 '경배proskynèse'라는 말에는 '키스를 보내다'라는 의미가 담겨 있다. 현실에서 상사에게 몸을 숙여 인사를 하는 것은 존경심과 두려움 때문이다. 현대사회에서 비위를 맞추거나, 잘 보이려 애쓰거나, 아첨하는 것도 '경배'의 일종이다. 폭군이나 군주를 우러러보지 않으면, 죽음을 맞이할 뿐이다. 그 결과 스스로를 하찮게 여기는 이들은 권위를 얻기 위해 아첨하며, 자신이 대접받게 될 날을 꿈꾼다. 하지만 우리 인생은 영원하지 않기에 그들의 동기는 슬프고 부질없다.

오늘날 북한을 맹비난하기 위해 사용되는 수사적 표현에 약속이나 한 것처럼 '불과 분노'가 함께 등장한다. 티베트 불교 종파 중 하나인 카르마 카규파에서는 전통적으로 불로 분노를 잠재우는 것을 지혜로 여겼다. 불로 분노를 키우는 것은 광기이다. 바로 그러한 광기는 전쟁으로 이어질 수 있다.

크리스마스의
의미

12월 25일 크리스마스를 보내고, 일주일 뒤 새해를 맞는 기간을 연말연시라 한다. 이 기간 동안 우리는 행복해하고, 즐거워하거나, 아니면 그런 표정의 가면을 쓰고 있어야 한다. 달력에 표시된 365일 가운데 크리스마스와 새해가 가장 중요한 날이고, 이날에는 무조건 기쁨에 겨워야 한다는 듯 말이다.

12월 25일이면, 가족 간 갈등을 극복하려 애쓰고, 꾸미기와 선물에 집착하며, 과감한 옷을 꺼내 입고, 미용실을 예약한다. 크리스마스는 사이가 안 좋거나, 떨어져 지냈던 가족들이 일 년에 한 번 모이는 날이기 때문이다. 부모들은 알록달록 꾸민 트리 밑에 화려하게 포장된 선물을 가져다놓고, 소스와 계피, 당근 퓌레, 향초, 향신료 냄새가 가득한 집 안에서 근사한 식탁을 차린다. 온갖 정성을 쏟아도 저녁 식사의 결말은 언제나 비극이다. 디저트가 나오기도 전에 말싸움이 터지고, 부엌에 숨어 눈물을 훔친다. 충분한 리허설을 하지 않은 탓이다. 연말연시가 일 년 중 가장 들뜨며, 동시에 가장 숨막히는 이유는 매번 같다. 우리는 관계를 맺고 살아가는 존재이기 때문이다. 인간은 관계 속에서 숨을 쉬고, 관계 덕분에 신뢰 속에서 성장한다. 그래서 관계로 인한 괴로움 또한 피할 수 없다. 사람들이 뭐라 하건, 가족과 함께하든 그렇지 않든 크리스마스는 초겨울 빛과 어둠처럼, 따스한 태양과 차가운 별처럼, 인간관계를 적나라하게 드러낸다.

하지만 관계만큼 힘든 일이 바로 현실을 외면하는 것이다. 삶을 위해 축배를 드는 순간, 홀로 있는 이들, 그리운 이들, 우리를 떠난 이들을 떠올리지 않기란 힘든 일이다. 누군가는 전쟁의 두려움 속에서 무엇이 관계를 맺고 끊게 하는지에 대해 자문하고 있을 어른과 아이들을 위해 말없이 소원을 빌 것이다.

●

천체물리학자 스티븐 호킹에 따르면,
우리는 우주가 탄생한 이후 그 어느 때보다도
지구와 인류 발전에 위험한 시대를 살고 있다.

●

연말연시는 어쩌면 깊은 내적 성찰을 통해, "관심은 가장 고귀하고 순수한 형태의 관대다"[5]라는 크리스마스 정신을 되새기기 좋은 시기일지도 모른다. 이 말은 유대인 출신 철학자이자, 신실한 기독교인이며, 뛰어난 플라톤 전문가이자, 힌두교 성서 해설가였던 시몬 베유가 스물세 살이던 1942년 4월 13일 조에 부스케라는 시인에게 보낸 편지에 썼던 말이다. 그녀에게서는 정체성이나 집단주의에 대한 어떤 집착도 찾아볼 수 없었다. 이 젊은 여성은 오로지 영적인 삶을 살기 위해 긴장을 늦추지 않는 지식인으로서의 삶을 살았다. 또한 노동환경 개선을 위한 정치 사회적 노력에도 적극적으로 참여했다.

시몬 베유는 전쟁이 한창이던 시기, 자기만을 우선시하고, 자기의 목숨을 지키기에 급급해 타인의 목숨은 어쩔 수 없다는 생각이 만연하던 때 관대함에 대해 말했다. 불확실하고, 빈곤하고, 불안정하고, 미래가 두려운 시기에 관대함과 관심이야말로 우리가 되새겨야 할 덕목이라고 생각했기 때문일 것이다.

천체물리학자 스티븐 호킹은 영국 신문에 기고한 뛰어난 글[6]에서, 우리는 우주 탄생 이후 그 어느 때보다도 지구와 인류 발전에 위험한 시대를 살고 있으며, 연대만이 유일한 출구라고 지적했다. 백여 년 뒤면 인류는 다른 행성을 정복하러 떠날 수도 있을 것이다. 그때까지 우리가 절대적으로 돌봐야 하는 유일한 대상은 지구이며, 지구상에서 어울려 살기 위해서는 나라 안팎에 벽을 세우는 것이 아니라, 벽을 허물고, 지구의 자원을 공평하게 나누기 위한 계획과 제도를 마련해야 한다고 강조했다. 스티븐 호킹의 호소는 '겸허함'이라는 단어로 끝을 맺었다.

> **"**
>
> 관심은 가장 고귀하고 순수한 형태의 관대다.
>
> 시몬 베유Simone Weil
>
> **"**

관대함의 전제 조건 중 하나로 겸허함을 들었던 시몬 베유의 이야기로 돌아와보자. 그에 따르면, '겸허함'은 우리가 주의를 기울이고, 마음을 쓰게 만드는 원동력이자 뼈대이다. 그러나 모든 것이 우리의 주의를 빼앗고, 마음을 딴 데 쏟게 만든다. 일, 걱정거리, 컴퓨터와 스마트폰 화면, 급한 메일들, 자아, 모바일 앱을 비롯한 소통 능력을 높이기 위해 만들어진 모든 도구가 결국에는 우리를 핵심에서 벗어나, 공존과는 거리가 먼 삶을 살게 만든다.

우리는 언제쯤 연말에 모여 태블릿이나 휴대전화 없는 식사를 할 수 있을까? 언제쯤이면 선물 없이도 진정한 관심을 드러내고, "정말로 잘 지내는 거니?"라는 가슴 떨리는 안부를 물으며 크리스마스를 보낼 수 있을까?

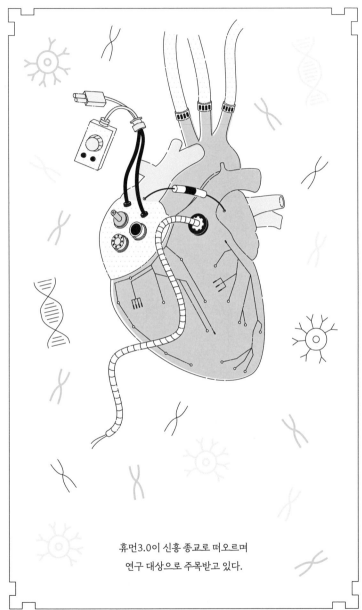

휴먼3.0이 신흥 종교로 떠오르며
연구 대상으로 주목받고 있다.

뻔뻔한
좀비 유전자

죽음은 생명이 멈춘 상태를 말한다. 이러한 정의가 너무나 자명해 보이지만, 앞으로 유언장을 고치거나, 유언장에 주석이나 추신, 각주를 달아야 할지도 모르겠다. '좀비 유전자'를 연구하던 과학자들이 사후 생명 현상을 발견했기 때문이다.

의학적으로 죽음이 선고된 인간의 심장, 뇌, 호흡, 혈액순환계는 작동을 멈춘다. 하지만 최근 과학자들이 소위 '좀비 유전자'라 불리는 사후 유전자의 발현을 연구하면서, 죽은 뒤 관찰되는 생물학적 활동 가능성에 관한 논의에 불을 지폈다.[1]

워싱턴 대학의 미생물학자 피터 노블 연구팀은 사후 세포 활동이 서서히 줄어드는지, 아니면 갑자기 활동이 멈추는지, 혹은 사후 활성화되는 세포가 존재하는지를 알아보기 위해, 죽은 생쥐와 제브라피시의 세포 활동을 관찰했다.

강력한 인공지능의 창조가 인류 역사의 위대한 사건이자,

동시에 마지막 사건이 될 수도 있다.

스티븐 호킹Stephen Hawking

결과는 놀라웠다. 연구팀은 사후 모든 세포의 활동이 점차 줄어 중단되는 것이 아니며, 오히려 활동이 활발해지는 세포의 수가 수백 개에 달한다는 것을 발견했다. 이들 세포의 대부분은 사후 24시간 동안 활동이 증가했고, 제브라피시의 세포 가운데 일부는 나흘이 지난 뒤에도 여전히 활동을 이어갔다.

이를 인간에게 적용해, 사후에 활동하는 세포를 규명한다면, 사망 시간 추정의 정확도를 획기적으로 높여, 수많은 범죄 수사에 기여할 수 있을 것이다. 더 나아가 인간의 죽음에 관한 연구로 확대한다면, 생명 연장에 반드시 필요한 유전자를 이해하고, 연구소에서 만들어내는 일도 가능해질 수 있다.

영생을 원했던 길가메시 이후 인간은 오랫동안 영원한 삶을 꿈꾸었고, 불멸의 특권을 누리는 자들이 어딘가 존재하기를 바라왔다. 그래서 메루산 정상이나 올림푸스에 사는 신과 영웅의 이야기와 천국에 관한 이야기를 만들어낸 것이다. 태어난 모든 사람은 반드시 죽게 되어 있으며, 이것이 삶이라는 게임의 규칙이자, 인간이 지닌 절대적 한계이다. 이에 철학자들

은 '유한한 삶에서 어떤 삶이 성공적인 삶일까?'라는 질문에 답하고자 애썼다.

휴먼3.0이 신흥 종교로 떠오르며, 실리콘 밸리에 설립된 싱귤래리티 대학은 구글의 대대적 지원하에 수명 연장에 관한 연구에 매진하고 있다. 페이팔을 설립하고 젊은 억만장자 반열에 들어선 철학자 피터 틸도 해당 사업을 지원하고 있다.[2] 이런 혁신은 무엇을 지향하는가? 바로 의료 분야의 축을 바꾸는 것이다. 전통적 치료 의학의 목표가 다치거나 아픈 몸을 돌보고 '고치는' 것이라면, 트랜스휴머니즘은 사랑을 바탕으로 오래 유지되는 결혼처럼, 기술과 유전공학의 힘을 빌려 인간과 기계를 결합해, 인간의 잠재력을 높이는 것을 목표로 삼는다.

트랜스휴머니즘의 원대한 계획은 수명 연장을 위해 노화와 질병에 맞서 싸우는 것이다. 더욱 과감한 이들은 죽음 자체에 죽음을 선포하고자 한다. 트랜스휴머니즘의 정신을 무엇보다 잘 드러내고 있는 '우연에서 선택으로From chance to choice'라는 슬로건은, 우연히 타고난 자질을 이제는 선택할 수 있게 되었음을 의미한다.

인공지능을 인간에 결합시키는 트랜스휴머니즘은 윤리적 문제를 발생시킨다. 하지만 트랜스휴머니즘은 포스트휴머니즘과는 다르다. 철학자 뤼크 페리가 정확히 지적한 바와 같이, 전자가 불공평한 유전적 우연에 맞서는 것이라면, 후자는 기계를 통해 인간을 초월하는 것을 목표로 한다. 즉, 트랜스휴머니즘은 완벽한 인간에 대한 환상에 한계를 두는 반면 포스트휴머니즘은 강한 AI를 통해 더 뛰어난 존재가 된 인간에 대한 환상을 좇는다는 점에서 차이가 있다.

그러나 우리는 윤리적 이슈에 대해 고민하거나, 불멸의 실질적 가능성에 도취되는 것에 그치지 않고, 더 먼 미래에 대해 생각해봐야 한다. 선구적인 몇몇 영화가 보여준 바와 같이, 초강력 인공지능은 자신의 작동을 유일하게 멈출 수 있는 인간을 최대 적으로 여겨, 인간 제거를 제1의 목표로 삼을 수 있기 때문이다.

생쥐나 제브라피시의 '좀비 세포' 관련 연구가 대수롭지 않아 보일 수 있지만, 기계 인간을 이용해 더 이상 죽지 않는 인간을 만들어내는 데에는 위험이 도사리고 있다. 그렇기에 우리는 "강력한 인공지능의 창조가 인류 역사의 위대한 사건이자, 동시에 마지막 사건이 될 수도 있다"고 경고한 천체물리학자 스티븐 호킹의 말에 귀 기울여야 한다.

운전자냐
보행자냐?

모든 과학적 발전, 기술적 발견이나 진보에는 어김
없이 도덕적 문제가 얽힌다.

장자크 루소는 진보가 야기하는 윤리적 문제에 눈을 뜨게 해준
최초의 근대 철학자였다. 그가 살아 있다면 역성장, 친환경 농
산물 소비, 순환 경제, 자전거 이용을 지지하는 환경운동가가
되었을 것이다. 그렇기에 근래 주요 혁신으로 부상한 '스마트
카', 엄밀히 말하자면 스마트한 개발자들이 만든 운전자도 없
고, 오염도 일으키지 않는 자율주행차에 대해 루소가 어떻게
생각했을지 궁금해진다.

인간은 기계와 달리 결정을 내리는 존재다. 우리는 라

디오를 들을지 TV를 시청할지, 차를 마실지 커피를 마실지, 생선을 먹을지 고기를 먹을지, 어떤 사랑을 선택할지를 결정한다. 하지만 식탁에 보르도와 부르고뉴 중 어떤 와인을 올릴지 선택하는 문제와 차원이 다른 결정을 내리기도 한다. '배우자나 연인을 두고 바람을 피울 것인가, 신의를 지킬 것인가? 도둑질을 할 것인가, 착하게 살 것인가? 임신중절을 할 것인가, 아이를 낳을 것인가? 외교단을 보낼 것인가, 원자폭탄을 날릴 것인가? 고발할 것인가, 보호할 것인가? 술을 마실 것인가, 운전을 할 것인가?' 등과 같은 가치에 관한 결정이 그러하다.

●

기계가 정상적으로 작동해,
부인할 수 없는 컴퓨터 능력과 정보처리 능력을 지녔더라도,
우리가 '도덕적'이라 부르는 선택,
즉, 정확히 말해
가치와 관련된 선택을 할 수 없다는 문제가 있다.

●

이러한 질문은 '차를 마실 것인가, 커피를 마실 것인가'라는 단순한 선택을 넘어선다. 도덕적 선택은 우리가 우선시하는 가치, 쉽게 말해, 악보다는 선을, 죽음보다는 생명을 지키기 위해 입장을 표명하는 것이기 때문이다. 그렇기에 차와 커피는

윤리와는 무관한 선택의 대상이다. 그런데 인공지능 프로그램을 사용하는 기술은 기계가 정상적으로 작동해, 부인할 수 없는 컴퓨터 능력과 정보처리 능력을 지녔더라도, 우리가 '도덕적'이라 부르는 선택, 즉, 정확히 말해 가치와 관련된 선택을 할 수 없다는 문제가 있다.

최초의 자율주행차, 다시 말해 뇌와 상식을 바탕으로 결정을 내리는 인간 운전자가 없는 차에 대한 연구가 다시금 도덕적 논의에 불을 붙였고, 개발자들은 중요한 윤리적 딜레마에 직면하게 되었다. 한편으로 자율주행차 출시는 멋진 일이며, 테슬라에 고마워해야 하고, 조만간 우버와 볼보에도 고마워하게 될 것이다. 목적지까지 데려다주는 차 덕분에, 도로를 주시하지 않고, 가는 길에 영화도 보고, 꿈도 꾸고, 풍경도 감상하고, 쓸데없는 수많은 문자를 쓸 수도 있게 되었다. 하지만 위험이나 교통사고가 발생할 경우, '보행자를 보호할 것인가, 운전자를 보호할 것인가'라는 질문이 제기된다.

왜냐하면 무인차는 주행에 있어서 절대적 합리화의 원칙을 따르기 때문이다. 연구에 따르면, 자율주행차의 도입으로 교통사고는 90퍼센트가량 줄어들고, 교통체증이 경감되어 오염도 함께 줄어든다. 그러나 10퍼센트의 경우가 남아 있다. 『사이언스』에 따르면, 자율주행차는 때때로 도심에서 '보행자를 칠 것인가, 아니면 보행자를 구하기 위해 차량 자신과 차량 탑

승객을 희생시킬 것인가'라는 두 가지 악 가운데 하나를 선택해야 하는 상황에 처할 수 있다.[3] 바로 윤리적 딜레마에 직면하게 되는 것이다. 단 한 번의 기회가 있을 때, 형을 구할 것인지, 누나를 구할 것인지를 결정하는 것과 같은 차원의 딜레마이다. 툴루즈 대학, 오레곤 대학, MIT 대학 연구팀은 미국인 2천 명에게 '자율주행차가 참극을 피할 수 없는 경우, 보행자와 운전자 가운데 누가 희생되어야 하는가'를 물었다. 그 결과 '자율주행차가 최악의 경우 벽을 들이받고, 운전자와 동승객을 모두 죽일 위험이 있더라도, 보행자를 피해야 한다'고 답한 응답자의 비율이 75퍼센트에 달했다.

그렇다면 조금 다르게 질문을 던져보자. 한 명의 보행자를 살리기 위해 차량에 탄 네 명을 희생하는 것이 정당한가? 차량 프로그램이 약자, 즉 보행자를 보호하고, 운전자와 동승객을 희생하도록 설계되었다고 가정해보자. 하지만 운전자가 노벨 문학상 수상자이거나, 위대한 예술가 혹은 외과의사이고, 보행자는 도주 중인 연쇄 살인범이며, 프로그램 설계자도, 인공지능차도 그 사실을 전혀 모른다고 상상해보자. 이 경우에는 어떻게 하는 게 옳은 것일까?

아킬레우스와 프리아모스 그리고

철학자 라파엘 글룩스만이 기고한 글에는 공감이라는 정서가 탁월하게 설명되어 있다.[4] 작가는 개인의 행동이나, 타인과의 관계에 있어서, 심지어 '법치국가'에서 내린 일부 결정에 이르기까지, 우리 사회가 근본적인 공감의 위기를 겪고 있다고 지적했다.

라파엘 글룩스만은 더욱 비판의 날을 세워, 위기를 넘어 '재앙적' 상황으로 치닫고 있다고 말했다. 공감은 지능과 마음을 토대로 한 인간의 능력으로, 공존을 가능케 하고, 민주주의의 근간이 된다.

한 겨울, 경찰들이 명령에 따라 이민자들의 이불을 빼앗고, 천막촌을 부수었다. 이민자 수용은 전 세계 주요 이슈로 떠올랐다. 거리에서 구걸하는 여성과 아이들의 수가 늘어날수록, 우리는 고개를 푹 숙이고, 초라한 발걸음을 재촉한다. 눈길도, 배려도 받지 못한 이들의 이야기가 매일 사회면을 가득 메운다. 몸이 불편한 장애인이 구타당하고, 소화기에 맞아 턱이 부러진 사건도 그 가운데 하나이다. 휠체어를 탄 피해자가 통행에 '방해가 된다'는 게 폭행의 이유였다. 자본주의 체제는 경쟁을 전제로 하기에, 소외된 자들이 생겨나는 것은 불가피하다. 문제는 이들을 외면하도록 부추기는 사회적 합의가 실제로 존재한다는 것이다.

> 나는 인간이다.
> 인간에 관계되는 것 가운데 나와 관계없는 것은 하나도 없다.
>
> 테렌티우스Térence

우리 사회에서 공감이 근본적인 위기를 겪고 있다. 공감은 동정이 아니다. 동정은 '함께 느낀다'는 의미로, 현악기 줄들이 동일한 파장에 함께 울리듯 하나가 되어 생각을 공유하게 만든다. 동정은 타인과의 친밀함을 내포한다.

반면, 공감은 '안에서부터', 자신의 내면에서부터 느껴지는 것으로, 자신과 아무 상관없는 타인과 똑같은 상황을 겪고 있다고 느끼게끔 해주는 능력이다. 이처럼 타인이 처한 상황에 나를 놓아보는 연습을 함으로써, 우리는 타인과 경험을 공유할 수 있고, 직접 겪은 일은 아니지만, 무엇이 문제인지 이해할 수 있게 된다. 어떻게 가능할까? 이 질문에 로마의 희극 작가 테렌티우스는 "나는 인간이다. 인간에 관계되는 것 가운데 나와 관계없는 것은 하나도 없다"[5]라고 답할지도 모르겠다. 인지과학 전문가들은 협력을 가능케 하는 공감 본능이 '거울 뉴런' 덕분이라는 것을 밝혀냈다.

라파엘 글룩스만은 가장 보편적인 방식으로 공감을 설명하기 위해, 유럽 문명의 효시라 불리는 호메로스의 『일리아드』 가운데 한 에피소드를 소개했다. 『오디세이』가 '자신의 집에 있다는 것, 자신만의 장소나 거처, 정착할 곳, 세상에서 자신의 위치를 찾는다는 것'에 관해 사유하게 한다면, 『일리아드』는 수년 동안 세상을 분열시킨 전설적 전쟁에 관한 이야기이다.

전쟁이 한창이던 때, 늙은 프리아모스 왕은 포위당한 트로이의 성벽을 넘어, 목숨을 걸고 그리스군 진영으로 향했다. 왜 프리아모스는 적군을 찾아갔을까? 왜 죽음도 마다하지 않았을까? 그리스에서 가장 용맹한 전사인 아킬레우스에게 죽임을 당한 아들 헥토르의 시신을 돌려받기 위해서였다. 무기 하나 없이 혈혈단신으로 나타난 프리아모스 왕은 아킬레우스 앞에 무릎을 꿇고, 단 하나의 간청을 올렸다. 아킬레우스는 전쟁법에 따라 적군의 왕의 목을 내려치거나, 감옥에 가둘 수 있었지만, 그렇게 하지 않았다. 글룩스만은 아킬레우스가 프리아모스를 보면서 "그에게서 자신을 모습을 보았다"고 적는다. 아킬레우스는 자신 앞에서 무릎을 꿇고 있는 늙은 아비를 일으켜 세우고, 그의 부탁대로 아들 헥토르의 시신과 함께 떠날 수 있게 해주었다.

라파엘 글룩스만의 글에서 주목할 문장은 아킬레우스가 프리아모스에게서 '자신을 보았다'고 적은 부분이다. 아킬레우스의 공감 능력 덕분에 살벌한 전쟁터는 인간적인 사회로 바뀌었다. 따라서 공감은 우리에게 매우 중요한 질문을, 동생 아벨을 죽인 카인에게 신이 물었던 같은 질문을 던진다. "네가 무엇을 하였느냐?"

사유의
밤

비싼 예술이나 베토벤 음악이 무슨 소용인가? 왜 그토록 많은 돈을 들여 박물관을 설립하고 개조하나? 거짓말쟁이들이 쓴 소설을 읽어 어디에 쓰나? 왜 연극을 지원해야 하나? 냉소와 아이러니, 짜증이 한데 묻어나는 이런 질문이 점점 자주 들려온다. 철학이 할 수 있는 것, 철학의 힘, 철학의 효용은 웃음거리가 되기도 한다. 그런데 정말 세상을 바꾼 생각을 본 적이 없나?

몇 년 전부터 온라인상에서 개최되는 〈사유의 밤〉에 5대륙 30개국에서 수백만 명의 네티즌이 참여해왔다. 2017년 〈사유의 밤〉에 참여하기 위해 다방면의 종사자들이 브뤼셀의 비엘 현대미술관에 모였다. 나의 집합인 **우리**가 사라진 시대에, 철학자, 이론가, 예술가뿐 아니라 시민들이 모여 '공존의 세계'가 갖는 중요성을 되새겨보았다. 2018년 〈사유의 밤〉의 주제는 '상상력에 권력을'이었다. 바로 반세기 전, 파리 시내 벽마다 걸려 있던 68혁명의 구호였다.

〈사유의 밤〉을 개최하는 것만으로 '생각이 세상을 바꿀 수 있는가'라는 질문에 답을 할 수 있을까? 그렇다고 볼 수 있다. 왜냐하면 매일 하나의 아이디어가 세상을 변화시키기 때문이다. 시민들은 자유라는 이념 때문에 항의하고, 시위하고, 반발하고, 책임을 묻는다. 인간은 생각을 통해 은행과 인권, 유한책임회사와 진공청소기, 법, 소네트, 원자분열, 인공지능을 발명했다. 우리는 사랑 덕분에 전쟁의 대안을 찾는다. 그리고 사랑은 상처를 주고 죽음에 이르게도 하는, 누가 뭐래도 정말 아름다운 인간의 위대한 발명이기도 하다.

조금 특별한 '진실에 대한 사랑'이라 불리는 철학으로 돌아와, 철학의 유용성에 대해 반박할 수 없는 예를 들고자 한다. 철학은 매일 인간을 구원한다. 절망으로부터, 무지로부터, 어리석음으로부터, 폭력으로부터 인간을 구원한다. 고대인들이 사고 활동을 모두를 위한 치료법, 영혼을 위한 치료법에 비유한 것은 우연이 아니다. 세계인들이 모여 〈사유의 밤〉을 개최하는 동안, 이슬람 전문가 질 케펠은 여러 에세이를 통해 테러리즘의 수사학을 파헤쳤다. 이와 관련해 우리가 특별히 눈여겨봐야 할 이야기가 있다.

제스 모튼의 가명은 유누스 압둘라 모하메드다. 국제관계로 석사를 취득한 하드코어 이슬람주의자로, 과거 알카에다 신병 모집원이었으며, 이슬람을 찬양하고 유대교를 비난하는 사이트를 개설했고, 뉴욕 이슬람사원들을 돌며 테러리스트들을 모집했다. 그 전에는, 경범죄와 마약 거래로 수감된 적이 있었고, 감방에서 지하드를 지지하는 이슬람 설교자의 영향을 받아 이후 미국 내 테러를 계획했다. 또한 〈사우스 파크〉 제작자와 덴마크 만평가에게 살해 위협을 가하고, 시리아에 살인자들을 보냈다. 2010년 결국 덜미가 잡혀 모로코에서 체포되어 투옥되기까지 혁명적인 이슬람을 꿈꿔왔다.

●

철학은 매일 인간을 구원한다.
절망으로부터, 무지로부터,
어리석음으로부터, 폭력으로부터 인간을 구원한다.
고대인들이 사고 활동을 모두를 위한 치료법,
영혼을 위한 치료법에 비유한 것은 우연이 아니다.

●

이슬람 근본주의자였던 제스 모튼은 감옥에서 우연히 17세기 말 정치사상가이자 철학자 존 로크의 글을 읽다 "진실이 인간의 정신에 스며들기 위해, 폭력을 필요로 하지 않는다"[6]라는 문장을 만나고 불현듯 깨달음을 얻었다. 이는 존 로크가 1686년에 집필한 『관용에 관한 편지』의 한 구절로, 작가는 다음과 같이 덧붙였다. "진실 그 자체의 빛으로 이해되지 않는다면, 외부의 어떤 힘도 소용없다."[7] 다시 말해, 그 어떤 무력이나, 강요, 외력도 진실의 전파에 도움이 되지 않는다는 뜻이다. 왜냐하면 진정한 진실이 영혼에 스며들 때, 그 어떤 무력이나 강요, 협박도 필요로 하지 않기 때문이다. 존 로크의 저서를 탐독하고, 이후 루소의 글을 읽은 제스 모튼은 근본적인 깨달음을 얻었다. 과거 참수부대원을 모집하던 그는 증오의 논리에서 벗어나 아이러니하게도 FBI의 정보요원으로 활동하며, 조지워싱턴 대학교에서 이슬람교를 연구하게 되었다.

제스 모튼의 사례는 철학의 유용성을 보여준다. 이처럼 철학은 오로지 비폭력적인 생각의 힘만으로 우리를 전향시키고, 인생을 바꾸고, 세상의 흐름을 바꾼다.

'대안적 사실'
그리고 『1984』

거짓말을 한다는 것은 무엇일까? 일반적으로 우리가 사실이라 알고 있는 것과 반대로 말하는 것을 의미한다. 이러한 정의에 비춰보면, 거짓말쟁이는 넘쳐나고, 프로 거짓말쟁이들은 오로지 자신들의 정당성과 명성을 위해 얼굴에 철판을 깔고 거짓말을 해댄다.

거짓말쟁이들은 온갖 이득을 취하기 위해, 사실과 정반대인 주장을 지지하거나, 심지어 명백한 사실이라며 이를 강요하기도 한다. 우리가 흔히 볼 수 있는 거짓말쟁이의 전형적 모습이자 대표적인 사례이다.

2017년 1월 20일 새롭게 백악관에 입주한 도널드 트럼프는 언론이 보도한 대통령 취임식 참석자 수에 분노를 표하며, 기자들을 거짓말쟁이 취급하고 그들을 상대로 전쟁을 선포했다. 위협을 몸소 실천하기 위해, 검열 지시를 내렸을 뿐 아니라, '역대 어느 대통령보다 많은 인파가 몰렸던' 취임식에서 찍힌, 지나친 자기애를 제대로 보여주는 사진을 백악관 기자회견장에서 가장 눈에 잘 띄는 위치에 걸라고 명령했다. 출입 기자들 머릿속에 '내가 대통령'으로 길이 남게 될 것이라고 유치하게 선포하는 듯 보였다.

당시 숀 스파이서 백악관 대변인은 대통령에 빙의된 듯했다. 거짓말을 입에 달고 사는 기자들과 달리, 자신은 절대 거짓말을 하지 않겠다고 선언했다. 취임식 참석자 수에 대해 뻔뻔하게 거짓말을 하면서도, 자신은 절대 거짓말을 하지 않는다고 주장했고, '모든 기자는 거짓말을 한다'라는 일반 명제로 기자들을 비난했다. 숀 스파이서 대변인은 2017년 1월 23일 월요일 열린 첫 공식 브리핑에서 취임식 수치에 관한 문제를 추궁하는 기자들에게 "가끔은 팩트에 동의하지 않을 수 있다"[8]고 답했다.

우리는 탈진실 시대에 프로파간다의 잔상을 목격했다. 팩트에 동의하지 않는다는 것은 쉽게 말해, 진실의 원칙을 거부하겠다는 뜻이며, 뭐든, 아무 말이나, 팩트와 반대되는 말도 할 수 있다는 뜻이다. 원하면 '지구는 평평하다', '교황은 여자다', '모차르트의 출생지는 잘츠부르크가 아니다'고 말할 수 있다는 뜻이다.

하지만 사건은 거기서 끝나지 않고, 정치 커뮤니케이션

역사에 기록될 만한 순간이 다가왔다. 숀 스파이서를 도와준답 시고 등판한 도널드 트럼프 대통령의 수석보좌관 켈리앤 콘웨이가 '대안적 사실Alternative Facts'이라는 추상에 가까운 말로 스파이서의 발언의 적절성을 옹호한 것이다. 그는 숀 스파이서가 거짓을 말한 것이 아니라, 그저 참석자 수에 대해 '대안적 사실'을 제안했을 뿐이라고 강조했다.

물론 사실이 대안적이기 때문에, 더이상 확인도 입증도 되지 않는다. 숀 스파이서가 여러 차례 말했듯 '그때부터는 모든 것이 가능하다.' '모든 것이 가능하다'는 말은 엄밀히 보면 참으로 무서운 것이다.

●

팩트에 동의하지 않는다는 것은 쉽게 말해,
진실의 원칙을 거부하겠다는 뜻이며, 뭐든, 아무 말이나,
팩트와 반대되는 말도 할 수 있다는 뜻이다.
원하면 '지구는 평평하다', '교황은 여자다',
'모차르트의 출생지는 잘츠부르크가 아니다'고
말할 수 있다는 뜻이다.

●

그런데 바로 그 순간, 그리고 이후 며칠 동안 곳곳에서 놀라운 현상이 관찰되었다. 켈리앤 콘웨이가 '대안적 사실'이

란 표현을 사용한 뒤로 조지 오웰의 소설 『1984』의 판매가 급증한 것이다. 『1984』에 등장하는 39세, '진실부' 공무원이자 싱글인 윈스턴 스미스의 일과는 정보를 조작하는 것이다. 당의 스케줄에 따라 매일 행해지는 '2분간 증오' 의식에 참여하는 주인공이 오늘날 살아 있다면, 분명 워싱턴 슌 스파이서 팀에서 일하고 있을 것이다. 조지 오웰이 만든 전체주의 세상은 트럼프가 사는 세상처럼, 진실이 '대안적 사실'에 자리를 빼앗긴 세상이다. 트럼프가 말하는 '대안적 사실'은 조지 오웰이 70년 전 말한 신어Newspeak의 다른 이름으로 볼 수 있다. 이 표현은 언어의 뉘앙스를 줄여, 사람들이 논리적으로 사고하는 것을 불가능하게 만들고, 거짓 슬로건을 남용하게 만들며, 소설 첫 장에서부터 유라시아 국민들에게 거리낌없이 '전쟁은 평화, 자유는 예속, 무지는 힘'이라고 선포할 수 있게 해준다. 언어의 단순화를 위한 신어 사전 작업을 하던 윈스턴 스미스의 동료 사임은 "자네는 신어를 만든 목적이 사고의 폭을 좁히는 데 있다는 걸 모르나? 결국 우리는 사상범죄를 범하는 일이 문자 그대로 아예 불가능하게 만들 거라고. 사상을 표현할 단어가 없을 테니 말일세"[9]라고 단언한다.

　『1984』 속 은유는 현실이 되었다. 소설 속 신어로 적힌 슬로건은 오늘날 140자로 글자 수를 제한하는 트윗으로 재탄생해 새로운 절대 기준으로 자리매김하며, 정치 커뮤니케이션의 막강한 지원군이 되었다. 트윗은 사유하지 않으며, 대안적 사실을 좋아하기 때문이다. '모든 멕시코인은 강간범이다', '모든 무슬림은 테러리스트다', '지구는 평평하다', '미국은 다시 위대하다', '교황은 여자다', 그리고 '모든 기자는 거짓말쟁이다'와 같은 '어떤 팩트도 반박하지 않을 절대적 진실'들을 140자 미만의 단어로 환기시켜주는 트위터가 새로운 '사상경찰' 노릇을 하고 있다.

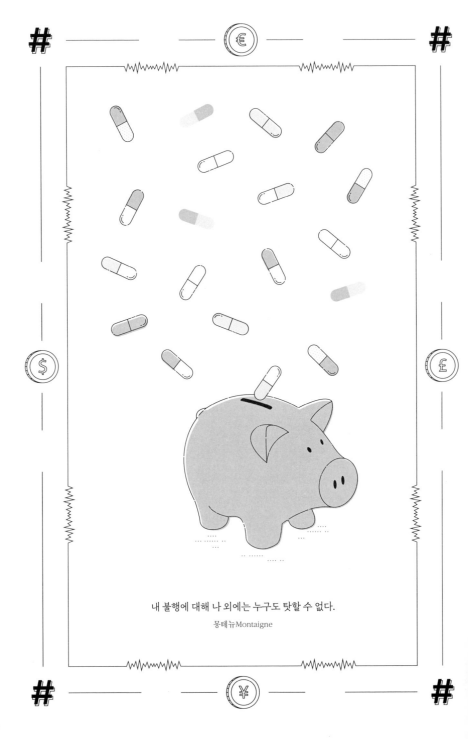

내 불행에 대해 나 외에는 누구도 탓할 수 없다.

몽테뉴Montaigne

우울할 땐
쇼펜하우어를 찾지 말 것!

언론을 통해 우리는 놀라운 표현을 접하곤 한다. 몇 년 전부터 경제면에 "우울한 금융권"같은 대문 짝만 한 제목의 기사들이 주기적으로 실린다. 언론의 단골 소재인 '은행가 침체' 관련 소식은 다채로운 제목으로 표현된다.

'우울한 금융권'은 은행의 마음을 의인화해 표현하는 듯하다. 이러한 기회를 놓치지 않고 금융을 위한 항우울제 개발에 착수해 세계 최초로 기관용 렉소밀, 투자자용 프로작, 공매도용 테메스타 등과 같은 치료제를 만들어 생산에 성공한다면, 제약업계는 대대적인 호황을 누릴 수 있을지도 모르겠다. 이미 대폭락, 붕괴, 침체와 같은 단어들이 1929년 뉴욕 증시의 파산을 표현하는 데 사용되었다. 1929년 10월 24일 목요일과 10월 29일 화요일 사이 증시 역사상 가장 유명한 사건이라 할 수 있는

20세기 최악의 경제 위기 '대공황'이 시작되었다. 뉴욕 증시가 대폭락한 10월 24일은 '검은 목요일', 10월 28일은 '검은 월요일', 10월 29일은 '검은 화요일'로 불린다. 2008년 가을, 기막힌 우연처럼 역사가 반복되었다. 이번에도 금융위기는 10월에 터졌다.

66

일상 생활에서 일요일은 지루하고
나머지 엿새는 고통스럽다.

쇼펜하우어Schopenhauer

99

10월이든 3월이든 12월이든, 검은 옷을 즐겨 입는 펑크족이나 고딕족들을 제외하고는, 어두운 기운도 없고, 모든 것이 순조로운 듯했다. 위기는 위기이나 검은색은 아니었다. 월가의 늑대들이 이를 감추려고 꽤나 오래전부터 각별히 신경을 썼기 때문이다. 타락한 월가 은행가들은 위기에 파우더와 립스틱을 칠한 덕분에 모두를 감쪽같이 속였고, 계속해서 카지노에서 춤을 추며 흥청망청 즐겼다.

그 결과 시장은 침체되었고, 날씨는 저기압으로 나빠지고, 주인과 떨어져 친구 집이나 동물보호소에 맡겨진 개도 고양이도 기분이 처졌다. 인간도 우울증을 겪는다는 사실은 말할 필요도 없다. 프랑스는 1,000명당 1일 항우울제 소비량DDD에서 50개국 가운데 17위를 차지했다. 아일랜드가 118DDD로 1위에 올랐으며, 호주와 포르투갈이 각각 2위와 3위를 기록했다.[1] 벨기에는 72DDD로 9위에 올랐다. '마음의 약' 없이 잠들거나, 깨거나, 활동하지 못하는 사람의 수가 이렇게나 많다는 것이다.

우울할 땐 어떻게 해야 할까? 우선 바람을 쐬고, 여행을 하고, 좋은 음악을 듣고, 음악의 언어를 포함한 모든 언어를 배워야 한다. 철학서를 읽을 수도 있겠지만, 모든 철학자들이 도움이 되는 것은 아니다. 우선 기를 죽이는 칸트나 숨막히게 만드는 헤겔은 제외시키는 것이 좋다. 일일 안정제 복용량을 급격히 높일 위험이 있는 쇼펜하우어도 마찬가지이다.

"우리의 삶은 '무'라는 축복받은 휴식 속에서 쓸데없는 괴로움을 유발하는 혼란과 같다", "인간의 존재는 실수임이 분명하다, 오늘의 끔찍한 삶은 최후의 재앙에 이르기까지 매일 고통스러워질 뿐이다" 등이 쇼펜하우어가 쓴 글 가운데 비교적 유쾌한 문장들이라고 할 수 있다. 그는 "세상을 창조한 게 신이라면, 난 신의 자리를 마다하겠다. 신이 느낄 불행과 절망을 생각하면 내 심장이 산산조각 나는 듯하다"라고도 말했다. 마지막으로 쇼펜하우어가 남긴 촌철살인의 명언 가운데 "일상

생활에서 일요일은 지루하고 나머지 엿새는 고통스럽다"[2]를 꼽을 수 있다.

강한 삶의 의욕을 고취시키는 데, 쇼펜하우어를 동경하던 니체를 읽는 것 또한 그다지 추천할 만하지 않다. 그의 스타일은 너무나 돌발적이고 고통스럽고, 지나치게 비장하고 심오하기 때문이다. 에피쿠로스의 편지나 명언들, 에픽테토스의 교과서도 마찬가지이다.

사계절 내내 영혼이 가을빛이지만 철학서를 읽거나, 음악 감상을 즐기지 않는 이들을 위한 확실한 치료제가 있다. 그것은 바로 친구와의 대화이다. 어쩌면 어둠에 빠지지 않기 위한 가장 효과적인 방어 기제일 것이다. 몽테뉴는 "내 불행에 대해 나 외에는 누구도 탓할 수 없다"[3]라고 적었다. 몽테뉴의 표현에 따르면 세계는 '영원한 시소'일 뿐이다. 마찬가지로 불행도 누구에게나 예외 없이 닥치지만, 우리는 바람을 거스르고 나아갈 힘을 지녔다. 더 잘 생각하고, 더 유쾌해지려 애쓰고, 다른 이들과 어울리면서 말이다. 어쩌면 이것이 절망 앞에서 우리가 할 수 있는 최선이며, 우리의 친구들과 지인들, 우리 삶에서 중요한 이들, 우리의 심장을 뛰게 하는 모든 이들에게 우리가 보일 수 있는 최소한의 예의다. 우리의 삶을 빛내는 것이 바로 그들이기 때문이다.

돼지와 트럼프
그리고 트루이즘_{truism}

독일 물리학자 하이젠베르크가 불확정성의 원리를 발견한 뒤로, 가장 일어나지 않을 법한 역사적 시나리오가 예상을 뒤엎고 펼쳐지기도 한다는 것을 인정할 수밖에 없게 되었다. 미국 대선처럼 말이다.

트럼프는 유럽에 핵폭탄 투하가 가능하며, 경우에 따라 필요하다고 말했다. 또한 자신이 지금까지 수단과 방법을 가리지 않고 부를 늘려왔기에, 부패 문제를 척결할 수 있는 최고의 적임자라고 자부했다. 언론의 노출에 목매달던 트럼프는 2016년 11월 대선에서 승리를 거머쥐며 당시 재임 중이던 오바마의 콧대를 눌렀다.

온 세상에 트윗을 뿌리며 밥 먹듯 실수를 저지르는 트럼프는 단어의 의미나 진실성이 얼마나 중요한지 모르는 것 같앗다. 대놓고 여성을 '뚱뚱한 돼지'나 '헤픈 고양이' 취급하고, 선거운동 기간 중 여성뿐 아니라, 장애인, 이민자, 기자, 운동선수, 멕시코인 등 수많은 사람을 모욕하며, 스스로 세상에서 가장 어리석고 미성숙한 인간임을 드러냈다.

트럼프가 과거 미스유니버스를 '돼지'라 비유한 것은 수사학적 관점에서 보자면 트루이즘의 문제이다. 트루이즘은 '비를 맞으면 젖는다'와 같은, 자명한 명제다. 하지만 트럼프가 말한 "여자는 뚱뚱한 돼지다"를 트루이즘, 즉 자명한 진술이라 할 수 있을까?

프랑스 대학 출판사의 『철학 대백과사전』 제2권 2,656페이지에서는 트루이즘을 특별한 유용성을 지니지 않은 '자명한 명제'로 정의하며, 라이프니츠를 인용한다. 라이프니츠는 『신인간지성론』에서 "우리는 명제 수백 개를 손쉽게 만들 수 있지만, 그 명제는 아무 효용이 없다. '굴은 굴이다'라고 말하는 것은 무의미할 뿐만 아니라, '굴은 굴이다'라는 사실을 부정하거나 '굴은 전혀 굴이 아니다'라고 말하는 것은 거짓이기 때문이다"[4]라고 지적한다.

독자들은 즉각 트럼프의 실언이 지닌 모순을 간파할 수 있다. '여자는 뚱뚱한 돼지다'라는 말은 '트루이즘'**이기도** 하고, **아니기도** 하다. 그의 발언이 하찮고, 저속한 것은 분명하나 절대로 자명하다고는 볼 수 없기에, '명증성'을 증명하는 문제가 남게 된다. 다시 말해 '트루이즘'은 시시한 상투적 표현으로 볼 수 있다. 결국 트럼프의 발언은 '트루이즘'에 속하며, 라이프니츠의 설명대로 '하찮은 거짓'이다.

> 66
>
> 우리는 명제 수백 개를 손쉽게 만들 수 있지만,
> 그 명제는 아무 효용이 없다.
> '굴은 굴이다'라고 말하는 것은 무의미할 뿐만 아니라,
> '굴은 굴이다'라는 사실을 부정하거나 '굴은 전혀
> 굴이 아니다'라고 말하는 것은 거짓이기 때문이다.
>
> 라이프니츠Leibniz
>
> 99

우리는 이처럼 아무짝에도 쓸모 없는, 어떤 가치도, 의미도, 아름다움도, 유머도 없는, 세상을 풍부하거나 섬세하게 만드는 데 하등 도움이 안 되는 말들이 갖는 유용성에 대해 자문하게 된다. 우리는 얼마나 많은 불필요한 문자를 보내고 있나? 인터넷에 무의미한 댓글을 달고, 페이스북 게시물을 올리며 쓸데없는 짓을 반복하고 있지는 않나? '트루true'의 파생어 '트루이즘'을 만들어낸 미국인들은 스몰 토크를 즐긴다. 날씨나 스포츠 소식, 최신 루머 등 상투적인 이야기가 주를 이루는 스몰 토크는 영미권 철학에서 말하는 '트루이즘', 보다 엄밀히

말해 '토톨리즘(동어반복)'에 해당된다고 볼 수 있다. 그런데 의미가 비어 있는 말이 무슨 소용일까?

이러한 질문에 대해 고민하던 러시아 언어학자 로만 야콥슨은 나름의 설명을 내놓았다. 그는 어떠한 정보도 제공하지 않는 '트루이즘'도 그만의 기능이 있다고 말한다. 바로 사회적 상호작용이라는 역할이다. 야콥슨이 '트루이즘' 대신 '친교적 언어'라 칭하는 발화는 의사소통이 '잘 이루어지고' 있다는 것을 확인시켜주는 기능을 한다. 예를 들어 전화로 '여보세요?'라고 하거나, '있잖아'라는 말, 또는 우리가 어색한 침묵을 피하기 위해 사용하는 추임새 등이 여기에 해당된다. '무슨 말인지 이해되죠?'와 같은 발화의 유일한 목적은 친목을 다지고 관계를 형성하며, 자신의 메시지가 상대방에게 잘 전달되고 있음을 확인하는 것이다. 인간관계는 사실 축구 결과나 날씨 등에 관한 시시콜콜한 대화에서부터 형성된다.

하지만 트럼프가 말한 '여자는 뚱뚱한 돼지다'라는 '트루이즘'을 어떻게 받아들여야 할까? 관계를 만들기 위한 친교적 표현일까? 그렇지 않다는 의심을 지울 수 없을 뿐 아니라, 인간관계에 아무 도움도 안 되는 그런 텅 빈 말이 무슨 소용인지 의문을 제기하는 게 당연해 보인다. 당혹스럽지만 이 복잡한 세상에 존재하는 두 종류의 텅 빈 말에 대해 생각해봐야 할 것이다.[5]

\# 문법으로 번진 미투 운동

전 세계 인구의 절반은 여성이다. 수천 년 간 이어
져온 성차별을 극복하기 위한 미투 운동은, 포용적
글쓰기, 성차별이나 성적 편견이 없는 문법 양성
평등 운동으로 이어지고 있다.

프랑스 (여)작가 마리 다리외세크에게 문법 미투 운동은 결코
사소한 문제가 아니다. "아이들에게 주어가 여자 백 명과 남자
한 명이어도 이를 수식하는 형용사를 남성 복수에 일치시키는
것이나, 심지어 여자 백 명과 개 한 마리가 있을 때조차도, 형용
사를 남성에 일치시키라고 가르치는 것은, 여성은 아무리 그
수가 많아도 언제나 부차적인 소수 그룹이며, 무시해도 되는
피지배 대상이라고 가르치는 것"[6]이기 때문이다.[7]

  양성평등 투쟁이 현실 무대를 넘어 기호의 영역으로 확

대되고 있다. 언어의 세계를 혁신해 인식의 변화를 꾀하기 위해서다. 그런데 어떻게 해야 할까? 어떻게 성차별 없는 글을 쓸 수 있을까?[8] 프랑스 양성평등고등위원회는 다음 세 가지 규칙을 권고한다. 첫째, 주방장, 배관공, 외과의사, 연출가 등 프랑스어에서 남성형 명사로만 표현되는 계급, 지위, 직업명에 여성형을 만들어 사용한다. 다음으로, 가장 가까이 위치한 명사의 성별과 수에 따라 형용사의 성수를 맞춘다. 마지막으로, 가장 보편적인 단어의 사용을 우선시한다. 그렇다면 예를 들어, '인권'에 대해 말할 때, '남성의 권리les droits de l'homme'로 해석될 수 있는 제한적 표현보다, '인간의 권리droits humains'라는 표현을 사용하라는 걸까?

양성을 모두 표기하는 방식이 이미 사용되고 있고, 이와 관련해 열띤 논의가 벌어지고 있다. 하지만 에두아르 필리프 프랑스 총리는 새로운 표기법을 승인하지 않았다. 이 규칙은 중립적으로 양성을 표현하기 위해 '어근+남성형 어미+가운뎃점+여성형 어미'로 표기하도록 규정하고 있다. 그렇게 된다면 '남성이 여성에 우선한다'는 프랑스 문법은 영영 사라지게 되는 걸까?

프랑스어에 부는 성평등 바람은 로망스어군에 속하는 다른 언어와 비교해봤을 때, 아직은 미약한 편이다. 유럽 내에서 가장 높은 행복지수를 기록하는 스웨덴은 언어 성평등을 위해 보다 과감한 투쟁을 벌이고 있다. 스웨덴어 문법은 양성평등을 넘어, 중성화를 지향하고 있다. 이에 따라, 남성 대명사 Han, 여성 대명사Hon 외에 중성 대명사Hen가 2012년 국립백과사전에 실렸으며, 2015년 국립아카데미에서 채택되었다. 사람들은 너무도 자연스레 유니섹스 옷을 고르고, 되도록이면 중성적인 장난감을 사려고 하고, 남녀를 구별하지 않고, 딸에게 잭이나 케빈이란 이름을, 아들에게 아네트나 발레리라는 이름을 붙인다. 물론 여전히 소녀와 소년이 존재하지만, 구시대 유물인 사회적 성은 사라졌다. 신도 더 이상 남성이 아니다.[9] 신은 성을 초월하기 때문이다. '우리 아버지'도 퇴출되었다. 스웨덴의 신은 '삼위일체'다.

시대가 바뀜에 따라, 수업교재 전문출판사 아티에Hatier는 2017년 3월 프랑스에서 최초로 '포용적 글쓰기'에 관한 교과서를 발간했고, MS워드는 최근 업데이트에 '포용적 언어' 기능을 새롭게 추가했다. 이에 따라 인종적으로 민감한 표현인 '인디언(아메리칸 인디언)'이나, 모욕적으로 들릴 수 있는 '불구자', 성차별적인 '집사람'과 같은 단어 대신[10], '미국 원주민(아메린디언)', '장애인', '배우자'를 우선적으로 사용할 것을 제안한다.

그런데 고민해 볼 것이 있다. 우리가 지향하는 것이 규범과 풍속의 변화라면, '정치적 올바름political correctness'을 실현하기 위한 투쟁 자체가 모순적인 것은 아닐까? 한편으로는 '다를 수 있는 권리'를 내세우며, 개인의 정체성과 소수 집단의 독창성을 간직한 채로 인정받고, 존중받고, 존경받기를 바라면서도, 동시에 모든 면에서 동등해지기를 추구하며, 문법과 글쓰기에서 자신을 희석하고, 중화시키고, 구분을 없애기 위해 언어적 투쟁을 진행하기 때문이다. 이렇게 살균되고 중립적이며 편견 없고 과도하게 정제된 언어를 추구하는 것이, 결국에는 전체주의 언어를 강요하는 보이지 않는 폭력이 아니라고, 조지 오웰의 『1984』에 등장하는 사상경찰이 엄격하게 통제하는 포스트모던 신어와 다르다고 확신할 수 있을까?

다행히 프랑스어에는 예술가artiste, 폭군despote, 변덕쟁이papillon, 영화인cinéaste, 치과의사dentiste, 꼬마moustique, 책임자responsable, 살인범assassin, 피아니스트pianiste, 철학자philosophe 등 성별을 구별하지 않고 자연스레 양성 모두에게 사용할 수 있는 단어들이 있다. 마찬가지로 남성형과 여성형의 형태가 같은 장관ministre과 페미니스트féministe들에게, 복잡한 문제를 반드시 까다롭고 어렵게 접근할 필요는 없다는 점을 상기시켜줘야 할지도 모르겠다.

기게스의 반지와
중국 부호

부패 스캔들은 뉴스에 자주 등장하는 소재이다. 프랑스어 동사 '부패시키다corrompre'의 어원을 보면, '도덕적으로 파멸시키다, 변조하다, 왜곡시키다'는 의미 외에도, '위반하다, 속이다'라는 의미가 담겨 있다.

폰지 사기로 알려진 매도프 스캔들, 브뤼셀 사뮈소시알 스캔들, 룩스리크스 스캔들, 폭스바겐 스캔들, 페트로브라스 스캔들, 퓌블리팽 스캔들 등 세상을 떠들썩하게 한 금융 스캔들이 꼬리에 꼬리를 물고 이어진다. 공금 횡령에서 허위 채용에 이르는 각종 스캔들 앞에서 대중은 경악을 금치 못한다. 가장 흔한 것은 정치인, 변호사, 고위공직자가 합법적인 틀 안에서 천연덕스럽게 나랏돈에 손을 대는 사건이다. 이보다 더 참을 수 없는 것은, 가난한 사람들을 보호할 임무를 지닌 자들이 오히려 그들의 돈을 훔치는 경우이다. 조폭과 하등 다를 바 없는 행태가 공분을 일으키는 것은 당연하다.

하지만 시끌벅적한 스캔들 외에도, 절도, 인터넷 사기, 약속 불이행, 친구간 사소한 절도, 잊고 갚지 않은 돈, 세금 탈루, 비용 부풀리기, 장부 조작 등이 우리 일상에서 소리 소문 없이 벌어지고 있다. 다행히 이 세상에는 친절하고, 정직하고, 사심 없는 사람들이, 서로 돕고 사는 걸 당연히 여기며 뜻밖의 도움의 손길을 뻗기도 한다. 눈이 어두운 손님에게 1원도 빼지 않고 잔돈을 돌려주는 점원, 쓸데없는 정비를 강요하지 않는 자동차 정비사, 길에서 열쇠, 지갑, 여권, 신용카드가 든 가방을 주워, 가방에서 찾은 휴대전화로 지인에게 연락을 취해, 분실한 물건을 찾았다고 주인에게 알리는 사람도 존재한다.

왜 어떤 이는 선을 베풀고, 어떤 이는 사기를 칠까? 플라톤의 『국가』 제2권 초반에 소개된 우화에서 답을 찾을 수 있다. 플라톤이 그리스 역사가 헤로도토스의 저서에서 빌려왔으며, 이후 키케로와 바그너 그리고 톨킨을 거치며 더욱 유명해진 '기게스의 반지' 이야기를 살펴보자.

폭풍우가 불던 어느 날 밤 양치기 기게스의 발 밑으로 땅이 갈라졌다. 갈라진 땅 안으로 들어간 그는 손가락에 금반지를 낀 시체를 발견한다. 반지를 빼 들고 밖으로 나온 뒤 우연히 반지의 보석을 손바닥 쪽으로 돌려보다가, 자신의 모습이 남들에게 보이지 않음을 알게 되었다. 기게스는 왕의 전령이 되어 왕궁 안으로 들어갔고, 왕비를 유혹하여 함께 왕을 죽이고 권력을 차지한다.

플라톤은 기게스의 반지 이야기를 통해 우리에게 옳고 그름을 구별하기 위한 도덕적 질문을 던지고 사유하도록 만든다. 기게스는 남들 눈에 보이지 않게 되면서, 즉, 면책 특권을 얻으면서 부도덕해진다. 도덕적 선에 관한 플라톤의 질문은 놀라울 정도로 동시대적 울림을 준다.

플라톤은 묻는다. 기회와 힘이 주어진다면, 누구든 부당한 이익을 취할까? 그로부터 20세기가 흐른 뒤 장자크 루소도 상당히 유사한 질문을 던진다. 아무도 모르게 파리에서 고개만 까딱하면 지구 반대편 북경에서 살고 있는 얼굴도 모르는 중국 부호를 죽일 수 있고, 그의 막대한 재산을 물려받을 수 있다면, 우리는 그렇게 할 것인가? 무엇이 우리를 그렇게 하지 못하도록 막을까? 이 질문에 대해 발자크와 샤토브리앙, 프로이트는 그들만의 답을 내놓았다. 우리도 똑같은 질문을 스스로에게 던져보자. 투명 망토나 다른 마법으로 자신이 보이지 않는 힘을 갖게 되더라도 우리는 도덕적인 존재가 될 수 있을까?

플라톤과 루소의 질문은 도덕적 행동의 동기에 대해 묻고 있다. 우리는 도덕적인 천성을 갖고 태어난 것일까? 아니면 단지 사회적 규범이나, 감시카메라, 경찰, 우리 아이들과 이웃이 우리의 행동을 주시하고 있기 때문에 도덕적으로 행동하는 것일까?

　　철학자 알랭은 1910년 12월 27일 출간된 『행복론』에서 "우리는 매 순간 중국 부호를 죽인다. 우리 사회는 선한 사람들조차 자신도 모르는 사이 잔인한 짓을 저지르게 만드는 탁월한 장치다"[11]라는 씁쓸한 진단을 내렸다.

아리스토텔레스에게 노벨상을

그의 이름은 탈러. 리처드 탈러다. 놀랍게도 400년 가까이 유럽에서 통용되던 은화와 이름이 같다. 샤를 캉 황제 시대에 사용되던 화폐 '탈러'는 달러의 어원이기도 하다.

리처드 탈러가 9백만 스웨덴 크로나(1,107,713달러)를 거머쥐었다. 하지만 수상의 영광을 액수로만 매길 수는 없다. 노벨상은 선구적 연구자나 공명정대한 학자들에게 수여되는 금메달이자 표창이기 때문이다.

　2017년 노벨경제학상 수상자에 리처드 탈러 미국 시카고대 교수가 선정되었다. 행동경제학자인 탈러 교수는 소비자가 어떤 방식으로 결정을 내리는지 연구한다. 장바구니를 채우는 것, 주식에 투자하는 것은 모두 경제적 활동이다. 우리는 어떤 이유로 특정 실물 상품이나 금융 상품을 선호하는 것일까? 호모 에코노미쿠스는 어떻게 결정을 내리고, 이에 따른 위험을 관리할까? 왜 우리는 흔히 생각하는 것과 달리 경제적으로 비합리적인 결정을 내릴까? 또 이를 어떻게 이론적으로 확립할 수 있을까? 이러한 의문에 대해 리처드 탈러는 경험적 근거를 바탕으로, 우리의 행동은 장기적으로는 합리적이지만, 단기적으로는 비합리적이라는 사실을 밝혔다. 살이 쪄 후회할 것을 너무나 잘 알면서도, 디저트로 크렘 앙글레즈가 듬뿍 든 서양 배 타르트를 두 번이나 먹는 것만 봐도 우리가 얼마나 부적절한 선택을 하는지 알 수 있다.

> 66
>
> 부의 미덕은 소유하는 것이 아니라 사용하는 데 있다.
>
> 아리스토텔레스 Artistote
>
> 99

리처드 탈러는 또한 우리가 직감적으로 경험하는 것을 명확하게 설명했다. 자기 물건을 잃어버리거나, 빼앗기는 것을 좋아할 사람은 없다. 왜 그럴까? 그의 이론에 따르면 우리는 자신의 소유물을 소중히 여기기 때문이다. 그래서 자가용을 렌트카보다 애지중지한다. 하지만 언제나 그럴까? **정말** 우리는 그저 '내 소유'라는 이유로, 자기 물건에 더 많은 가치를 부여하는 것일까? 그와 반대로, 빌린 물건이나 타인 또는 공동체에 속하는 물건은 '내 소유'가 아니라는 이유로 주의를 기울이지 않는 것일까?

모든 분야에 놀랍도록 밝았던 아리스토텔레스는 합리적인 경제 활동을 행복의 열쇠로 보았다. 하지만 인간의 소유욕에 대해서는 상당한 경계심을 드러내며, 『니코마코스 윤리학』에서 "부의 미덕은 소유하는 것이 아니라 사용하는 데 있다"고 썼다. 아리스토텔레스에 따르면, 물건을 소유하는 즐거움보다 그것을 이용할 때 얻는 즐거움이 더 크다. 특히, '재산 biens'보다는 '선bien'이 더 바람직하다고 확신했다.

아리스토텔레스는 고대 그리스어 단 한 문장으로 소유하지 않는 즐거움에 대해 말하며 노벨경제학상 수상자 탈러를 상대로 원펀치 KO승을 거뒀다. 철학자는 우리에게 간단치 않은 질문을 던지고 있다. 소유가 필요할까? 이 땅에 잠시 머물다 가는 인간이 정말로 소유한 게 있을까? 집일까? 연인일까? 친구일까? 아이들일까? 땅일까? 아니면 우리의 인생일까?

삶의 근심을 잊을 수 있는 유일한 방법 두 가지는 음악과 고양이이다.

알베르트 슈바이처Albert Schweitzer

삶 그리고
고양이에 대한 철학적 고찰

고대 이집트의 왕이었던 아멘호테프 4세, 투트모
세, 람세스나 하트셉수트에게 인터넷이 있었다면,
아마도 그늘 아래 누워 고양이 영상을 보며 시간을
보냈을 것이다.

고양이의 울음소리를 본떠 만든 고대 이집트의 의성어 '미우
miou'는 고양이 자체를 지칭하는 단어로 사용되었고, 이는 '야
옹대다'라는 뜻의 프랑스어 '미아울레miauler'를 비롯해 수많은
인도-유럽어에서 파생어를 만들어냈다. 고대 이집트가 우리에
게 남겨준 것은 단어 하나에 그치지 않는다. 그리스 역사가 헤
로도토스에 따르면, 이집트인들은 화재가 발생했을 때 일정한
간격을 두고 '인간띠'를 만들어 고양이가 불길 속으로 뛰어드
는 것을 막았으며, 키우던 고양이가 죽었을 때에는 가족이 눈

썹을 밀어 애도를 표했다고 한다.[1] 이처럼 고양이를 신성한 동물로 여겼다.

이집트인들이 고양이를 수호의 여신과 연관 지어 생각했기 때문일까? 프랑스 물리학자 에티엔 클렝은 그의 마지막 에세이집 『모든 것은 상대적이(지 않)다』[2]에서 고양이 영상을 보면 마음이 차분해지고 급기야 행복해진다고 고백했다. 이 고백에는 물론 어떠한 과학적 근거도 없었지만, 오스트리아 동물학자 콘라트 로렌츠는 인간에게는 고양이처럼 동그란 두상에 큰 눈을 가진 것을 귀여워하는 성향이 있다고 주장했다. 바로 그와 같은 성향 때문에 아이들과 같은 존재의 '귀여움' 앞에 어쩔 줄을 모르는 것이다.[3]

사람들은 고양이의 영상을 보고 공유한다. 고양이에게 특별한 애정을 지닌 과학자나 작가, 시인도 예외는 아니다. 예컨대 뉴튼은 고양이 전용 출입문을 발명했고, 보들레르는 시집 『악의 꽃』에 수록된 〈고양이〉라는 시에서 이렇게 썼다. "이리 오너라, 예쁜 내 고양이, 사랑에 빠진 내 가슴으로. 발톱은 감춰두고 금속과 마노가 어우러진 예쁜 네 두 눈에 잠기게 해다오."[4]

벨기에 물리학자로 노벨상을 수상한 프랑수아 앙글레르도 자신의 고양이를 숭배했고, 이탈리아 시인 페트라르카와 프랑스 작가 콜레트도 마찬가지였다. 철학자이자 유명 정치인 시몬 베유는 자신이 키우던 그리폰 품종 강아지는 '샤독'이라

부르고, 에메랄드 눈동자에 흰털을 가진 페르시안 고양이는 '고양이 부인'이라는 의미의 '담샤Damechat'라고 이름을 지었다. 슈뢰딩거는 양자물리학 법칙을 이해하기 위한 사고실험에 고양이를 등장시켰고, 프랑스 역사가이자 예술 및 철학 평론가인 이폴리트 텐은『삶, 그리고 고양이에 대한 철학적 고찰』이라는 유머러스한 문학 에세이를 집필하기도 했다. 저명한 삽화가 귀스타브 도레의 일러스트가 함께 실린 버전도 있다.

1인칭 고양이 시점으로 스스로를 우월한 동물로 묘사하다니, 이 얼마나 탁월한 선택인가! 텐의 이야기는 다음과 같이 시작되었다. "삼촌은 연세가 지긋하고 경험이 풍부한 분이셨는데, 내게 만물의 역사를 가르쳐주셨어. 태초에 그러니까 그가 태어난 순간에, 주인이 세상을 떠났대. 아이들은 장례식에 가고 하인들은 춤을 추었으며 모든 동물은 자유를 되찾았지."

자연의 신비를 이해하고 폭넓은 사고를 하게 된 이 고양이 철학자는 세상을 거대한 깨진 달걀이라고 말했다. 달걀의 노른자는 우리가 경작할 수 있는 땅을, 흰자는 호수와 강을 이루고 있으며, 마지막으로 태양은 그 주위를 돌며 땅을 서서히 익히고 있다는 것이다. 작가는 "달걀이 열을 잘 흡수할 수 있도록 일부러 깨트린 거야. 요리사는 늘 그렇게 하니까"라고 덧붙였다. 이폴리트 텐은 마지막 부분에서 "세상은 하나의 거대한 스크램블에그다"라고 결론지었다. 요리사의 의도에 대해서는 한마디도 언급되지 않았으니, 우리로서는 의중을 알 도리가 없다.

고양이에게서 물리적 설명을 들었으니, 이제 윤리적 측면으로 넘어가보자. 텐의 고양이는 그의 눈에 핵심적으로 비춰지는 사실을 나열하며 인간의 천부적 자유를 논했다. "먹는 자는 행복하다. 소화시키는 자는 더 행복하다. 졸면서 소화시키는 자는 더더욱 행복하다. 이를 제외한 나머지 모든 것은 정신의 공허함과 초조함에 지나지 않는다." 텐의 고양이는 쾌락주의자였다. 그 이상 무슨 말이 필요하겠는가?

하지만 이야기는 계속해서 이어진다. 텐은 철학자 고양이와 그의 삼촌의 입을 빌려 음악에 대한 견해도 밝혔다. 그는 음악이 천상의 예술이며, 고양이가 음악에 특출한 재능이 있다고 믿었다. 그러나 그 사실을 알아챈 인간들이 고양이의 재능을 가로채 그들의 목소리를 흉내내는 바이올린을 발명했다고 말했다.

1952년 노벨상 수상자 알베르트 슈바이처 박사도 텐의 글을 읽은 것일까? 아니면 자신의 고양이와 대화를 나눈 것일까? 의사, 철학자, 선교사, 반핵 운동가, 목사, 오르간 연주자로 잘 알려진 슈바이처 박사는 가봉에 랑바레네 병원을 짓기 위해 유럽 전역에서 자선 오르간 연주회를 열었다. 쾌락주의자의 면모도 지녔던 그는 "삶의 근심을 잊을 수 있는 유일한 방법 두

가지는 음악과 고양이이다"라며 인간보다 월등한 고양이의 재
능을 칭송했다.

볼테르 대신
쟈딕 앤 볼테르

정치가가 단 한 번이라도 시민의 기대에 부응하지
못할 때, 그들은 잔인한 조롱의 대상이 된다. 장관
이나 대통령의 경우, 사소한 사건이나 말실수만으
로도 이미지에 큰 타격을 입고 지지도를 잃는다.

시민들의 분노를 유발한 정치인들의 발언을 살펴보자. 과거 프
랑스 대선 후보로 거론되었던 장프랑수아 코페는 10센트짜리
동전 하나면 크루아상 하나를 살 수 있다고 말했다. 프레데릭
르페브르 정무차관은 그의 애독서를 자랑스레 소개하며 프랑
스의 대작가 볼테르 대신 패션 브랜드 '쟈딕 앤 볼테르'를 언급
하는 실수를 범했다. 프랑스는 물론이고 많은 프랑스어권 국가
의 프랑스어 교수들은 그의 실언에 웃음을 감추지 못했으며,
쟈딕 앤 볼테르는 돈 한 푼 들이지 않고 순식간에 엄청난 마케

팅 효과를 누렸다.

　횡설수설하기로 유명한 플뢰르 펠르랭 프랑스 전 문화 부장관은 2014년 파트릭 모디아노가 노벨 문학상을 수상한 직후 진행된 인터뷰에서 작가의 작품 제목을 단 하나도 인용하지 못했다. 후임으로 임명된 오드레 아줄레 문화부장관은 소설가 미셸 뷔토르의 서거 다음 날 발표한 보도자료에서 『안정La Conslidation』을 작가의 대표작으로 언급하는 실수를 저지르고 말았다. 그 허술한 보도가 그녀의 탓인지, 비서실의 탓인지는 알수 없지만 말이다. 그 작품의 실제 제목은 『변경La Modification』이며, 2인칭 복수형으로 쓰인 이 소설은 '누보로망'의 대표작으로 1957년 미셸 뷔토르에게 프랑스의 권위 있는 문학상 르노도 상을 안겨주었다.

　이와 같은 공인들의 실수는 곧 온라인상에서 웃음거리로 전락했다. 누리꾼들은 너도나도 자신의 애독서라며 니체의 『자라는 이렇게 말했다』[5], 애거사 크리스티의 『아메리카 익스프레스 살인』[6], 존 어빙의 『갭이 본 세상』[7], 프루스트의 『스와치네 집 쪽으로』[8] 빅토르 휴고보스[9]의 『레미제라블』, 막스 앤드 스펜스[10]의 『자본론』을 앞다투어 이야기했다.

　문학에 대해서 이야기하자면, 베르나르 피보가 진행자로 활약하며 많은 인기를 누렸던 프랑스 TV 문학 프로그램 〈아포스트로피)에서 싱어송라이터 두 명이 벌인 역사적인 논쟁을 빼놓을 수 없다. 때는 1986년 12월 26일. 늘 그렇듯 세르주 갱스부르는 그가 입은 빛바랜 데님 셔츠처럼 생기 없는 얼굴을 하고, 손가락 끝에 태우던 담배를 쥔 채로 적당히 취해 있었다. 경직되고 단호한 성격의 기 베아르는 그의 맞은편에서 대중음악의 예술적 가치를 옹호하고 있었다. 갱스부르는 특유의 흘리는 발음으로 그의 말을 단박에 끊으며 대중음악이란 마이너한 예술이라고 반박했다. 그는 회화, 건축, 클래식 음악, 문학 등이 '메이저 예술'로 간주될 수 있는 이유는 입문 과정이 필요하기 때문이라고 강변했다.

베르나르 피보가 진행하는 방송에서, 갱스부르가 베아르를 상대로 대중음악이 얼마나 '마이너한' 예술인지 호소한 것이다.

> **"**
>
> 사람들의 반응이 더 놀랍네요.
>
> 밥 딜런Bob Dylan
>
> **"**

2016년 10월 13일 목요일 13시, 스톡홀름의 웅장한 증권거래소에서 2016년 노벨 문학상 수상자의 이름이 울려 퍼졌다. 밥 딜런이라는 이름으로 알려진 75세 가수 로버트 앨런 지머맨이었다. 스웨덴 왕립과학원의 새라 대니어스 사무총장은 "밥 딜런은 귀를 위한 시를 쓴다. 그의 작품은 시로 옮겨와도 완벽하다"며, "고대 그리스의 시인 호메로스나 사포도 악기 연주와 함께 낭송하기 위한 시를 썼다"[11]고 평했다.

밥 딜런 외에 후보 명단에 이름을 올린 사람들은 돈 드릴로, 필립 로스, 조이스 캐롤 오츠 등 이미 많은 문학상을 수상한 작가들이었다. 뿐만 아니라 아랍권에서 위대한 시인으로 명성을 떨친 아도니스도 강력한 후보로 거론되었다. 그렇다면, 이 노벨상 수상과 더불어 대중음악도 메이저 예술의 지위를 누리게 될까? 수상 소식을 접한 로커 밥 딜런은 "사람들의 반응이 더 놀랍네요"라고 소감을 밝혔다. 그로부터 일 년 후, 일본계 영국 작가 가즈오 이시구로가 노벨상을 거머쥐며 문학의 문턱이 다시금 높아졌다. 하지만 한 가지 확실한 것은 문학계에도 변화의 바람이 불고 있다는 사실이다.

숨쉬는 공기처럼
꼭 필요한 것들

현대사회는 우리가 근본적으로 생각하는 존재이고, 세상을 이론적으로 완전히 통치할 수 있는 존재이며, 따라서 피도 눈물도 없는 이러한 지배 능력이 인간의 특별함의 원천이라는 가설 위에 세워졌다.

인류의 진일보를 위해, 무언가를 생산해내기 위해, 나무에 달린 열매를 좀 더 빨리 얻기 위해, 발전 속도를 앞당기기 위해 이론가들은 진보, 과학, 기술, 자본주의를 만들어냈다.

동시에 어떤 이들은 아주 놀랍게도 예술과 시, 그리고 철학을 발명했다. 예술이 숨쉬는 공기만큼이나 필수적이고 유익한 이유는 성과 제일주의와 효율 지상주의로부터 우리를 해방시켜주기 때문이다. 그러한 의미에서 베토벤이나 모차르트의 음악은 아무런 쓸모가 없고, 그 음악으로 무엇도 할 수 없다는 점은 인정해야 한다. 하지만 질문을 약간 틀어서, 베토벤과 모차르트의 음악이 우리에게 어떤 영향을 미치는지 생각해보면 어떨까? 예술은 관념이다. 따라서 예술은 우리의 사고를 자극한다. 예술을 통해 눈물을 흘리고, 환희를 맛보고, 즐거움을 경험하고, 전율하며 심지어는 오열까지 한다. 예술가들은 감각을 지닌 우리의 육체를 자극하여 자아와 일체감을 느끼고, 더불어 타인과도 일체감을 느끼도록 돕는다.

●

예술이 숨쉬는 공기만큼이나 필수적이고 유익한 이유는
성과 제일주의와 효율 지상주의로부터
우리를 해방시켜주기 때문이다.

●

위대한 작품을 보고 감동을 느끼는 것도 같은 이유에서다. 특별한 몰입의 조건에서, 살아 있는 예술이 펼쳐지는 공연장에서, 작품은 우리 모두에게 같은 양의 감동을 동시에 선사한다. 그것은 살아 있는 사람들이 함께 공유하는 시간이다. 그렇기 때문에 우리는 이 경험을 '라이브'라고 부른다. 우리가 모두 함께 동시간을 살아가는 살아 있는 존재라는 것을 깨닫게 한다. 우리는 살아 생동하는 육체가 흥분감에 도취되는 이런 순간을 예찬해야 한다.

타인의 감정 변화를 감지하고, 그들이 느끼는 감정을 내 안에서도 느끼는 것을 공감이라고 부른다. 여기서 말하는 타인이 이웃이나 친구가 아니더라도, 나와 전혀 관계가 없는 사람이더라도 마찬가지이다.

그런 의미에서 음악은 엄청난 호소력을 지닌다. 무엇보다도 음악은 우리를 감동시키고 우리의 마음을 움직인다. 우리는 감동을 받음과 동시에, 놀랍게도 필연적으로 타인에게 감동을 줄 수 있는 감수성을 지니게 된다. 그렇다면 '감수성'이란 무엇일까? 이는 예의범절보다 훨씬 더 중요한 자질이지만, 음악이 그랬던 것과 마찬가지로 아무런 쓸모가 없다. 하지만 우리가 타인 또는 세상과 관계를 맺고, 소통하며, 소속감을 느끼고, 상식을 공유해 공감하는 정치적인 존재로 거듭나게 하는 것이 바로 이 감수성이다. 엄밀히 말하자면 감수성은 음악에서 박자와 음조가 하는 역할을 우리의 인생에서 맡고 있는 셈이다.

우리는 마침내 자신의 마음으로부터 우러나온 음악이 '불길처럼' 모든 사람의 마음을 **감동**시키길 바란다는 베토벤의 말을 제대로 이해할 수 있다. 베토벤은 음악이 우리 **내면**의 인간성을 자극하고 그것을 지속적으로 키워나가기를 소망했다.

그렇다, 이것은 차라리 기적에 가까운 소망이다. 하지만 모든 예술가는 다소 혁명적인 사상을 가지고 있으며, 감수성, 감각, 센스 또한 겸비했다. 따라서 베토벤이 확신에 차 이야기했듯 음악은 인간을 감동시키고 연대하고 결집하게 하는, 즉 종교에 버금가는 힘을 가지고 있다. 우리가 콘서트에서 무언가 특별한 것을 느끼는 것처럼, 음악은 공통의 체험을 통해 타인과 공감대를 형성하게 만들어준다. 그리고 무엇보다 감각하는 육체와 영혼이 **우리 안에서** 하나가 되게 이끈다.

육체가 감동하면 영혼도 늘 함께 감동한다. 그러다 보면 세상의 영혼까지도 감동하는 특별한 순간이 찾아올 것이다.

쾨르
파괴자

우리가 사용하는 언어에는 우연의 일치라고 보기 힘든 동음이의어가 있다.

프랑스어에는 sô소로 발음되는 단어가 무려 네 개나 되어서 "영주의 '소'를 왕에게 전달하라는 명령을 받은 한 '소'는 그것을 '소'에 넣고 말에 올라탔다. 말이 '소'를 하자 세 '소'가 떨어졌다(영주의 인장을 왕에게 전달하라는 명령을 받은 한 바보는 그것을 양동이에 넣고 말에 올라탔다. 말이 뛰어오르자 세 소, 즉 인장, 바보, 양동이가 떨어졌다)!"와 같은 우스꽝스러운 문장이 나올 수 있다.

비단 이 '소'뿐만 아니라, '쾨르'로 발음되는 마음cœur과 합창단chœur도 같은 문제에 봉착한다. 종이에 적어보지 않고 발음만으로는 두 단어를 구분할 수 없을 정도이니 말이다.

'chœur'는 합창단을 의미하는 단어로, 고대 연극에서 생겨난 개념이다. 장단에 맞춰 함께 춤추고 행진하면서 노래하는 집단을 그리스어로는 코로스choros, 라틴어로는 코뤼스chorus라고 불렀다. 'cœur'는 마음과 심장을 뜻하는 단어로, 우리가 신경 쓰지 않아도 1분에 50~100번씩 뛰며 혈액순환을 책임지는 필수 기관이며, 슬픔에 무거워지고, 기쁨에 날아갈 듯 가벼워지고, 사랑에 빠지면 격하게 두근대다가 순간 멎기까지 한다.

중간에 h가 들어가 있긴 하지만, 합창단을 뜻하는 'chœur'은 마음을 뜻하는 'cœur'과 많은 연관이 있다. 합창단의 실력은 단원들이 얼마나 마음을 담아 노래를 불렀는지에 따라 달라지기 때문이다. 마음으로 노래하는 가수에게 찬사를 보내듯, 모든 단원들이 악보에 완전히 몰두하여 화음, 마찰음, 불협화음을 모두 감지하고, 음 하나하나에 마음을 담아 부르는 합창에 견줄 것은 없다.

프랑스 석학 에릭 오르세나는 자신의 저서 『문법은 아름다운 노래』에서 "음악이 있기에 눈으로 보는 것보다 더 선명하게, 그리고 더 멀리 볼 수 있다"라고 했다. 다시 말해, 음악이 있다면 우리는 그림을 그리지 않고도 화가가 될 수 있다.

하지만 이러한 이상주의적 견해 뒤에 잔혹한 진실이 숨어 있다면… 만약 '쾨르'의 파괴자가 숨어 있다면?

음악이 있기에 눈으로 보는 것보다 훨씬 선명하게,

더 멀리 볼 수 있다.

에릭 오르세나Erik Orsenna

그 파괴자의 실체는 프랑스 일간지 『르몽드』[12]가 폭로한 보고서로 인해 드러났다. 바로 교황 베네딕토 16세의 형이자 1964년부터 1994년까지 장장 30년 동안 '레겐스부르크 대성당의 참새들'을 이끈 게오르크 라칭거였다. '레겐스부르크 대성당의 참새들'은 중세 시대인 975년에 설립되어 천 년이 넘는 세월 동안 굵직굵직한 행사에서 멋진 공연을 선보인 지구상에서 가장 오래된 소년 성가대다. 이 경악스런 보고서에 따르면 1945년 이래 최소 547명의 소년들이 성가대에서 감금, 학대, 금식, 강간 및 사디즘의 피해자가 되어 지옥을 경험했다. 어린 참새들은 외마디 비명도 지르지 못한 채 둥지에서 추락해 고통받았다. 이 소식을 접한 사람들은 큰 충격에 빠졌다. 하지만 범죄에 대한 공소시효는 이미 만료된 상태였다. 결국 악마들은 두 발을 뻗고 잠들었고, 또다시 면책 특권을 누리게 되었다.

우리가 생각하는 이상적인 세상에는 규칙과 규율, 법, 그리고 정의가 있다. 심지어 음악에도 관습이라는 것이 존재한다. 하지만 침묵의 문화는 법을 위반했고, 음악을 더럽혔으며,

아이들의 순수함을 빼앗았고, 돌이킬 수 없는 죄로 인해 성가대의 목소리가 묵살되었다. 당장이라도 그리스어로 아폴리온Apollyon, 신의 언어 히브리어로는 아바돈Abbadon이라 불리는 '파괴의 신'을 소환하고 싶은 마음이다.

뇌를
열다

한 의학 논문에서 사람의 '뇌를 열어'[13] 뇌종양을 치료할 수 있다는 가능성을 제시했다. 생각을, 마음을, 문을, 지평을 여는 것처럼 '뇌를 연다'니 참으로 흥미로운 표현이 아닌가.

무언가를 '연다'는 것은 외부를 향한 관심과 호기심을 전제로 한다. 고대 그리스의 철학자들은 이 '여는' 행위로 말미암아 우리가 생각을 하고, 문화와 지식을 자유롭게 향유할 수 있다고 굳게 믿었다. 아리스토텔레스는 '머리를 여는 것', 즉 사유를 하고 호기심을 갖는 것이 인간의 자연스러운 행위이며, 더 나아가 인간은 사유를 통해 진정한 쾌락을 느낀다고 주장했다.

실제로 사유는 기쁨의 원천이다. 현명하고 유머러스한 사람들의 이야기를 듣거나 그들과 깊은 대화를 나누다 보면 즐거움을 느끼게 되는데, 바로 이때 '뇌가 열리는' 놀라운 경험을 할 수 있다. 그들과의 대화를 통해 친숙한 환경에서 벗어나 새로운 것을 경험하고, 당연시 여기던 것에 질문을 던진다. 재치 있는 사람들이 그토록 소중하고 흔하지 않은 이유는 그들이 우리 안에 갇혀 있는 무언가를 꺼내주기 때문이다.

"머리가 아프다. 온 세상이 아프다"는 페소아의 문장이나, 서로 사랑하는 음표가 만나 음악이 탄생한다는 천재 음악가 모차르트의 말은 우리의 뇌를 자극한다. 셰익스피어나 베르길리우스, 스피노자의 작품을 읽거나, 연극 무대에서 삶의 허상을 만들어 내는 배우들을 바라보면서, 멀리 펼쳐진 수평선을 바라보는 행위는 아이들의 질문을 듣거나 외국어로 이야기하는 것처럼 우리의 뇌를 깨우는 행동이다.

> 예술의 향유는
> 선善을 사랑하기 위한 준비 작업이다.
>
> 아이리스 머독Iris Murdock

뇌 활동을 자극하는 외국어에 대해 논하자면 아일랜드 소설가 아이리스 머독을 빼놓을 수 없다. 그녀는 케임브리지대학교에서 철학을 전공하며 비트겐슈타인의 가르침을 받았고 철학 에세이 몇 편을 남겼다. 그녀는 장폴 사르트르의 실존주의를 영미권에 소개한 최초의 인물이기도 하다. 모국어가 영어였던 그녀는 장폴 사르트르의 책을 불어로, 플라톤은 그리스어로, 프로이트는 독일어로 읽었다. 그러나 운명의 장난이었을까. 아이리스 머독은 뇌 질환인 알츠하이머를 앓다가 1999년에 숨을 거두었다. 그녀는 79년 한평생 소설 스물여섯 편과 연극 대본을 집필했고, 1970년에는 에세이 『선의 지배』를 출간했다. 무려 2,500년 전 세상을 떠난 플라톤에게서 지대한 영향을 받아 "예술의 향유는 선善을 사랑하기 위한 준비 작업이다"라는 명언을 남기기도 했다. 다시 말해, 인간은 예술을 감상하며 선한 존재가 될 수 있으며, 사랑은 '인간이 선을 위해 만들어진 정신적 피조물임을 보여주는 명백한 증거'라는 것이다. 호메로스 이후, 플라톤은 우리가 미美와 사랑으로 인해 더 나은 존재로 거듭난다고 주장한 최초의 사상가였고, 아이리스 머독도 이에 동의했다.

아이리스 머독은 『선의 지배』 중 한 페이지 전체를 할애해 언어 사용이 뇌에 미치는 영향에 대해 이야기했다. 우리는 러시아어, 헝가리어, 타밀어, 핀란드어와 같이 어려운 언어를 배우면서 자신을 능가하는 권력 구조에 부딪치게 되고, 자신과 독립적으로 존재하는 현실과 마주함으로써 내부에 고정되었던 시선을 외부로 돌리는 법을 배운다. 즉, 외국어를 배운다는 것은 세상을 향해 나를 여는 법을 배우는 것이다. 아이리스 머독은 러시아어, 중국어, 음악이나 원예, 수학, 배관 등 까다롭고 어려운 학문을 습득할 때, 우리가 단순한 소비자 이상의 존재가 된다는 중요한 사실을 지적했다. 이러한 것들은 자신들만의 성질과 구조를 가지고 있으며, 우리와는 독립적으로 존재하기 때문에 처음에는 제약이 될 수 있으나, 우리를 좀 더 자유롭게 만들며 우리의 '뇌를 연다'.

자아도취는 파국을 불러온다.

오늘날,
죽음을 불러온 것은…

고대 신화에서 현시대의 상황과 놀랍게 맞아떨어지는 통찰을 발견할 수 있다. 머나먼 과거를 배경으로 일어나는 사건들이 시대를 초월하여 우리의 승리와 패배, 그리고 가장 큰 결점을 이야기하고 있다.

일상에서 무심코 사용하는 언어를 살펴보면 고대 신화에 뿌리를 둔 표현을 심심치 않게 마주친다. '불화의 사과'[1]는 의견이 충돌할 때, '팍톨로스 강을 만지다'[2]는 횡재를 만났을 때, '카리브디스를 피하다가 스킬라에게 잡힌다'[3]는 이러지도 저러지도 못하는 상황에서 비유적으로 사용된다. 깊은 잠에 빠질 때 '모르페우스의 품에 안기다'[4], 미로 같은 복잡한 상황일 때 '다이달로스에 갇히다'[5], 세계지도를 펼칠 때에는 '아틀라스를 열다'[6], 입이 거친 사람에게는 '마차꾼처럼 욕을 한다'[7]고 표현한다. 뤼크 페리는 몇 년 전 출간한 『신화에서 배우는 지혜』[8]에서 고대 신화에 담긴 철학적 함의를 파헤치며, 이렇듯 무궁무진한 표현이 우리의 문화유산을 한층 풍부하게 한다는 것을 보여주었다.

서양 문화의 저변을 흐르는 수많은 이야기 중에서 나르키소스에 관한 신화는 현대인들의 전형적 행동, '셀피'에 도취된 우리의 모습을 비추고 있다. 2016년 여름, 19세 인도 소년이 우타르 프라데시주 칸푸르를 흐르는 갠지스 강에서 셀피를 찍다가 갑판에서 미끄러져 익사하는 사고가 발생했다. 그때 그를 구하기 위해 나선 여섯 목숨도 함께 희생되었다. 사진 한 장 때문에 사람 일곱이 목숨을 잃은 것이다. 혹자는 고작 '사진' 하나 때문에 이 모든 사건이 발생했다며 한탄할지도 모른다. 하지만 이 비극의 진정한 원인은 다름 아닌 스스로를 아끼는 '자기애'였다.

셀피를 찍던 사람이 죽었다. 이 안타까운 사건에서 우리는 어떤 교훈을 얻을 수 있을까? 나르키소스를 통해 해답에 접근해보자.

시인 오비디우스의 『변신이야기』 제3권에서 그에 관한 이야기를 찾아볼 수 있다. 나르키소스는 여자는 물론 남자까지 매료시킬 정도로 뛰어난 외모의 소유자였지만, 그 누구보다도 자신을 더 사랑했다. 이런 그에게도 애인이 생길 뻔한 적이 있었는데, 그 여인은 바로 숲의 요정 에코였다. 나르키소스는 숲을 거닐던 중 자신의 말과 생각을 메아리처럼 반복하는 부드러운 여성의 목소리에 매료되어 물었다. "누구 있어요?" 그 목소리는 "있어요"라며 문장의 끝을 반복했다. 나르키소스가 "우리 만나요!"라고 외치자 목소리는 "만나요!"라고 대답했다. 그는 이 아름다운 목소리의 주인공을 찾아 나섰지만, 정작 에코가 모습을 드러내자 실망감을 감추지 못했다. 그녀가 자신과는 전혀 닮지 않은, 완전히 다른 정체성을 지닌 존재였기 때문이다. 실망감에 무기력해진 그는 무언가를—아마 자기 자신을—찾기 위해 숲속을 홀로 헤맸다. 잠시 목을 축이러 호숫가에 다다랐을 때, 그는 물에 비친 자신을 보게 되었고 그 모습과 완전히 사랑에 빠졌다. 다음 이야기가 어떻게 흘러가는지는 모두 알고 있을 것이다. 그는 자기를 향한 사랑에 완전히 이성을 잃고, 물에 비친 자신에게 더 가까워지려다 호수에 빠져 죽고 말았다. 신화에 따르면 나르키소스가 죽자 그의 머리카락은 꽃으로 변했는데, 그 꽃이 오늘날 우리가 따스한 봄날 정원이나 공원에서 쉽게 볼 수 있는 나르키소스, 즉 수선화이다.

●

오늘날,
죽음을 불러온 것은 세상을 외면한 셀피 한 장이었다.

●

이 신화를 완전히 반대로 해석한 오스카 와일드에 따르면, 나르키소스가 죽자 호수는 오랫동안 눈물을 흘렸다. 하지만 그 눈물은 나르키소스를 위한 것이 아니었다. 호수를 굽어보던 나르키소스가 죽자, 그의 눈동자에 비친 자신의 아름다움을 바라볼 수 없게 된 안타까움에 흘린 눈물이었다. 심리학자들은 이렇듯 자아도취가 파국을 불러올 수 있다는 사실을 깨달았고, 과도한 자기애에 빠져 오직 자아만을 추구하고 타인과 건전한 관계를 맺지 못하는 사람에게 '나르시시스트'라는 수식어를 붙였다. 신화는 외부 세상에 무관심한 나르키소스가 죽음을 맞이하는 이야기를 하고 있다. 스스로를 너무나 사랑한 나머지 살아서 변화하고, 새로운 것을 창조하며, 삶을 지향하는 관계를 저버리는 자에게 내려진 형벌은 바로 죽음이었다.

오늘날, 죽음을 불러온 것은 세상을 외면한 셀피 한 장이었다. 우리 주변의 나르키소스들은 자신의 무기인 핸드폰을 들고 고속도로에서 운전 중에 셀피를 찍다가 사망하고, 상어 앞에서 사진을 찍다가 다리 한쪽을 잃는다. 그들은 또 카메라를 들고 셀피를 찍다 타지마할 계단에서 굴러 떨어져 목숨을 잃고, 앞서 언급한 인도 학생처럼 갠지스 강에서 셀피를 찍다가 마치 진짜 나르키소스처럼 익사하고 만다.

나르키소스는 거울을 사랑했다. 그는 '나'만을 추구하다가 처량한 결말을 맞았다. 나르키소스는 페이스북 중독자다.

그는 수시로 프로필 사진을 바꾼다. 그는 자신의 모든 생각과 일거수일투족을 남들에게 알리는 것을 즐기며, 셀피봉을 사고, 카메라 렌즈를 본인 쪽으로 돌린다. 그는 생각한다. '나 먼저'. 라테 아트를 사랑하고 향기로운 커피를 사랑하는 나르키소스는 트렌디한 카페에서 셀피치노[9]를 주문하고는, 우유 크림 위에 프린트된 자신의 얼굴을 지그시 바라본다.

사실, 나르키소스는 우리를 많이 닮아 있다.

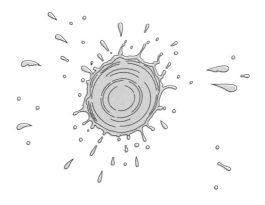

베니스에서의
죽음

산타루치아역 계단에 한 젊은이가 앉아 있었다. 그는 자리에서 일어나더니 곧장 카날 그란데 운하로 향했다. 목조 데크에 올라가서는 차디찬 물속으로 몸을 던졌다.

2017년 1월 22일 일요일, 스물한 살의 감비아 출신 이민자 파테 사발리가 베니스에서 스스로 목숨을 끊었다. 매일 수많은 사람이 죽고 싶다는 생각을 하고, 매일 그중 일부는 이를 행동에 옮긴다. 하지만 파테 사발리의 죽음은 어딘가 다른 구석이 있다. 1월의 얼음장처럼 찬 강물에 몸을 던지며 파테 사발리는 동시에 우리를 추악함 속으로 빠트렸다.

이것이 왜 추악하게 느껴질까? 그 이유는 행인과 관광객이 너무나도 태연하게 휴대전화를 들고 그 장면을 촬영했기 때문이다. 백여 명의 구경꾼들은 파테 사발리를 구하려 직접 뛰어들거나 손을 내밀기는커녕, 그의 생에 마지막 순간을 욕보이고 모독하는 추잡한 행태를 보였다. 촬영된 영상에서는 그를 '아프리카인'이라 부르고, '모자란 놈' 취급하는 저속한 단어가 틀렸다. 지나가던 수상 버스가 구명 튜브 4개를 투척했지만 비극을 막기에는 역부족이었다. 1월의 강 수온이 영하 5도까지 내려간 탓이었다. 완벽한 이탈리아어로 "어차피 이렇게 됐으니, 그냥 죽게 놔둡시다"라고 외치는 한 남성의 말과 함께 이 상황은 종료되었다.

●

모든 상황에 초연하게 대처하고 불평하지 말라.

●

그 남자는 모든 언어로, 우리 모두를 대신해 이 문장을 내뱉은 것이나 다름없었다.

지금부터는 죽음을 원하는 사람, 그리고 실제로 그 바람을 행동으로 옮기는 사람의 입장에서 생각해보자.

'일반적 의미'로 죽음을 이해하는 일은 불가능에 가깝다. 하지만 철학자들은 오래전부터 그 문제에 천착했고, 스토아학파는 나름의 성공을 거두었다. 보통 '스토아철학'을 이야기할 때, 존재의 시련에 굴하지 않고 고통을 인내하는 자세를 떠올린다. '인내하라, 그리고 절제하라'라는 그리스 격언으로 그들의 사상을 요약할 수 있다. 쉽게 말하자면 모든 상황에 초연하게 대처하고 불평하지 말라는 뜻이다. 영미권 사람들은 'Stop complaining!'이라는 거칠고 노골적인 표현을 사용하기도 한다.

고대 그리스 시대에 스토아학파와 경쟁을 벌였던 에피쿠로스학파는 죽음에 대한 공포를 미친 짓으로 규정했다. 그러자 스토아학파는 한 걸음 더 나아가 자발적인 죽음을 찬양하기에 이르렀다. 스토아학파의 철학자들은 끔찍한 고통, 질병, 노화, 굴종에 의해 삶이 의미를 잃거나, 사회적인 의무를 다하지 못하거나, 혹은 존엄한 삶을 영위할 수 없다는 이유만으로도 자살을 선택할 수 있으며, 오히려 그것이 노력과 자기 절제의 결정체라고 주장했다. 스토아학파는 그때부터 윤리의 차원에서 자발적 죽음, 또는 '철학적 자살'을 변호하게 되었고, 자살은 '최고의 미덕' 또는 '현자에게만 주어진 권리'로 간주되었다.

이러한 윤리적 관점에서 본다면, 자신의 존엄성을 지키고 로마의 폭군 황제 네로의 거짓 비방으로부터 절대적인 자유를 누리고자 스스로 목숨을 끊은 세네카의 선택을 이해할 수 있다. 소크라테스의 죽음이나 벨기에 시인 위고 클로스의 안락사, 또는 7개월의 항거 끝에 로마군에게 패배하거나 포로로 잡히지 않으려 집단 자결을 택한 유대인들[10]의 행동도 같은 맥락으로 볼 수 있다.

2017년 1월 22일 일요일, 파테 사발리는 베니스의 카날 그란데 운하에서 투신했다. 아이러니하게도, 이 대운하는 베니스의 북서쪽에 있는 '자유의 다리'에서 끝난다.

그렇다면 파테 사발리도, 마치 세네카처럼, 자유와 존엄성을 지켜내려는 일념으로 이러한 절망적인 선택을 한 것이라고 조심스레 추측할 수 있지 않을까?

노란색 세상,
텍스토폴리스_{Textopolis}

소통은 반드시 언어를 통해서만 가능한 걸까? 원하는 단어를 골라 문장으로 조합해야만 타인을 이해하고 나를 이해시킬 수 있는 걸까?

당신은 거리에서, 지하철에서, 혹은 공연이 끝나고 출구를 향해 계단을 내려가고 있다. 그때 맞은편에 있는 사람과 시선이 마주친다. 고작해야 3, 4초, 찰나의 순간이지만 당신은 그 사람의 시선에 숨은 호의를 읽어내고, 사로잡힌다. 단 한마디도 오가지 않았지만, 분명 **어떤 일이 일어났다.**

인파가 몰려들고 소음이 끊이지 않는 장소로 배경을 바꿔보자. 이 난장판에 누군가의 표정이 당신의 눈길을 끌어당기고, 당신은 그 표정에서 한 사람의 인생사를 읽는다. 단 한마디도 오고 가지 않았지만, 역시 **어떤 일이 일어났다.** 또 다른 곳으로 이동해보자. 동료, 친구, 상사가 문틈 사이로 슬그머니 모습을 드러내는 것만으로도 당신은 불쾌함을 느낀다. 당신은 언어를 초월하는 어떤 기운을 느낀다. 또다시 **어떤 일이 일어났다.**

이때 의미는 태도나 행동으로, 즉 언어의 바깥쪽에 있는 정서적인 영역에서 전해진다. 우리는 이것을 '비언어적 의사소통'이라 부른다. 때때로 비언어적 표현은 우리가 의식적으로 내뱉는 말과 정반대된 내용을 전달할 수 있다. 아주 흥미로운 주제라고 이야기하면서도 입을 삐죽거리고, 만나 뵙게 되어 정말 기쁘다고 말하면서도 계속 시계나 휴대전화 화면을 쳐다보는 행위가 바로 그러한 예이다. 우리의 태도가 우리를 배반한 것이다. 뛰어난 연기력이 아니라면, 비언어적 메시지는 쉽게 간파된다. 세심한 관찰만으로도 금세 알아챌 수 있기 때문이다.

따라서 누구나 어렵지 않게 비언어적 기호를 해독할 수 있었다. 다만 그것은 앱, 채팅, 문자가 등장하기 전의 일이었다. 오늘날 대부분의 소통은 디지털로 이루어진다. 그렇다면 "덕분에 저녁 잘 먹었어요"라는 문자 속에 또 다른 의미가 숨어 있는 것은 아닌지 어떻게 알 수 있을까? "덕분에 저녁 잘 먹었어요"라는 문자가 단순히 예의상 하는 말인지, 비꼬는 것인지, 진심에서 우러나온 것인지, 저녁 식사가 정말 맛있고 좋았던 것인지, 그리고 답장 속도와 내용을 보아 애프터 신청을 할 수 있을 것인지, 어떻게 판단해야 할까?

메시지의 불확실성이 사람들의 불안감을 증폭시키자, 개발자들은 하비 볼이 발명한 얼굴 이모티콘을 활용하기 시작했다. 노란 얼굴에 상투적인 표정을 짓고 있는 이모티콘들은 문법과 상관없이 자유롭게 사용되며 어휘를 대체했다. 우리는 '이모지'라고도 불리는 이 이미지, 기호, 얼굴 덕분에 문자로 표현된 정보에 기분이나 감정을 담을 수 있게 되었다.

"덕분에 저녁 잘 먹었어요" 옆에 미소 짓는 얼굴이나 웃으며 눈물을 흘리는 얼굴, 공포에 질린 얼굴, 소방차나 앰뷸런스, 하트와 입술을 넣어준다면, 그 메시지를 읽는 상대는 한참 동안 골머리를 썩으며 "덕분에 저녁 잘 먹었어요"에 담긴 진짜 의미, 숨은 의도를 찾으려 애쓰거나, 다른 의미가 없는 것은 아닌지 조마조마하지 않아도 된다. 이모티콘의 존재로 의구심은 모두 사라지고 문장의 의미가 명확하고 투명하게 전달된다.

●

따라서 이모티콘으로 감정을 느끼는 이상적인 세상을
상상하는 것은 플라톤 이론의 근간에
균열을 일으키는 행위이며 더 간단하게 말하자면
거꾸로 서서 걷는 것과 마찬가지이다.

●

우리의 문자 소통에서 빠지지 않는 이모티콘은 그 자체로 하나의 언어가 되었다. 디지털 커뮤니케이션의 간결성을 상징하는 새로운 아이콘으로 떠오른 것이다. 에마뉘엘 레비나스에 따르면 '말하는' 얼굴이다. 문자나 모니터 위에 펼쳐진 글에서는 누구도 찾아볼 수 없기에, 얼굴의 부재를 보완하기 위해 이모티콘이 존재하는 것이다. 이는 결코 무시할 수 없는 현상으로, 비틀즈의 전 멤버 폴 매카트니는 스카이프 이모티콘의 효과음을 만들었고, 영화감독 토니 레온디스는 이모티콘이 주인공인 영화에 수백만 달러를 투자했다. 〈이모티: 더 무비〉는 우리의 휴대전화, 문자, 이메일에 삶, 즉 영혼이 있다는 기상천외한 가정하에, 우리와 같은 시공간에 존재하는 평행 세계, 이상적인 세계, '텍스토폴리스'[11], 즉 이모티콘들이 사는 노란색 세상을 펼쳐 보인다.

우리는 디지털 세상이 실제 세상이 아니고 기껏해야 현실의 투영이나 거울 정도밖에 될 수 없다는 점을 직관적으로 알고 있다. 실제 세상은 그만의 향기, 전율, 깊이, 소리, 색깔 그리고 얼굴을 맞대고 해독해야 하는 의미 덩어리를 가지고 있기에, 디지털 세상은 어떤 경우에도 이에 비할 수 없다. 따라서 이모티콘으로 감정을 느끼는 이상적인 세상을 상상하는 것은 플라톤 이론의 근간에 균열을 일으키는 행위이며, 더 간단하게 말하자면 거꾸로 서서 걷는 것과 마찬가지이다.

반대로, 우리가 사는 이 세상의 얼굴들은 즐거워하고, 장난기가 가득하며, 놀라거나, 생각에 잠기고, 화를 내고, 정신이 없으며, 피곤해하고, 친절하며, 때로는 복합적인 감정을 한번에 표현하기도 한다. 이렇게 살아 있는 표정이야말로 우리가 현실 세계에서 그토록 아끼는 얼굴인 것이다.

그렇다면, 실제 세상은 과연 어떤 색깔일까?

샤덴프로이데 Schadenfreude
vs. 무디타 Mudita

오스카 와일드의 상상 속에서 탄생한 도리안 그레이는 사교계의 나르키소스이다. 그는 늘 우울에 빠져 있다.

금리 생활자인 도리안 그레이는 풍족한 삶을 누리고 있었다. 그는 더비 지역에서 사냥을 즐기고 멍한 표정으로 쇼팽을 연주했다. 하지만 삶의 목적을 찾지 못하고 권태를 느꼈다. 사교계 모임에 드나들던 중, 거침없고 가볍지만 매혹적이며 세련된 카리스마의 소유자 헨리 경과 우연히 마주치고 그에게 빠져들었다.

젊고 아름다운 도리안 그레이가 두려워하는 것은 오직 늙음과 죽음뿐이었다. 그는 젊은 시절의 모습을 영원히 남기기 위해 재능 있는 화가를 섭외했다. 도리안은 신비로운 이집트 고양이 조각과 우마르 하이얌의 책을 펼쳐 놓고, 그 앞에서 포즈를 취하면서 영원히 늙지 않기를 소망했다. 인간의 능력을 초월하는 것이었지만, 결국 도리안 그레이는 젊음과 불멸을 누릴 수 있게 되었다. 세월은 그를 비켜가고, 초상화가 대신 늙어가게 되었다.

그는 자신의 새로운 능력에 완전히 도취되어 무모한 행동을 서슴지 않고 저질렀다. 착하기만 했던 청년이 타락해버렸다. 와일드는 그를 다음과 같이 묘사했다. '그는 다른 사람에게 끔찍한 영향을 끼쳤고, (…) 그로부터 사악한 기쁨을 느꼈다.'

이 문장에서 사용된 어휘를 살펴보면, 열정 또는 긍정적인 감정에 해당하는 '기쁨'이 '악'의 의미를 퇴색시키고 있다. 그렇다면 짓궂은 기쁨, 해로운 기쁨 또는 타인의 고통에 대한 수동적 기쁨이라는 것이 존재한다는 말인가? 타인의 불행을 즐기는 것. 그것은 분명 존재하는 감정이지만 프랑스에서는 이에 해당하는 단어를 찾을 수 없다. 반면, 독일어에서는 샤덴프로이데가 있다. 악한 기쁨을 뜻하는 샤덴프로이데는 타인의 불행을 즐기는 감정이기에 그 자체로 악하다.

유명인이 발을 삐끗하고, 배우가 대사를 잊어버리고, 모델의 드레스가 무대 위에서 벗겨지고, 직장 동료가 해고를 당하고, 심지어 그의 아내가 떠나가며 아이들까지 데려가고, 오래전에 남편을 여의고 홀로 사는 이웃집 부인이 개를 산책시키다가 고꾸라져 안경이 깨지고 틀니를 잃어버린 상황에서, 당신은 실소를 터뜨린다. 타인의 불행에서 기쁨을 느끼는 샤덴프로이데를 경험하는 것이다. 악한 기쁨을 느끼는 당신은 상처 입은 타인의 모습이 재미있으며, 심지어는 마음까지 가벼워진다.

그러나 샤덴프로이데와 완전히 배치되는, 그러니까 타인의 행복에서 기쁨을 느끼는 온전히 긍정적인 감정도 존재한다. 불교 전통에서는 이를 무디타라고 칭하며, '사무량심四無量心' 즉 영적으로 갈고닦아야 하는 네 가지 마음 중 하나라고 말한다. 나머지 셋은 자애, 연민, 평온이다.

스피노자는 이러한 이타적 감정을 아무것도 섞이지 않은 순수한 '기쁨'이라고 담백하게 정의했다. 그것은 우리 존재의 힘이자, 타인을 소중히 여기는 우리의 마음이다.

그렇다면 다음과 같은 질문을 던져보자. 우리는 어떠한 사람이 되고자 하는가? 샤덴프로이데를 느끼는 사람일까 아니면 무디타를 느끼는 사람일까? 도리안 그레이를 닮은 사람일까 아니면 스피노자를 닮은 사람일까?

●

악한 기쁨을 느끼는 당신은 상처를 입은 타인의 모습이 우습고 재미있으며, 심지어는 마음까지 홀가분해진다.

●

모험의
향기

누군가 운동화를 신고 세계를 누빌 때, 또 다른 누군가는 침대에 누워 여행을 떠나며, 책상 앞에 앉아 상상의 나래를 펼치고, 방 안에서 꿈을 꾸고, 소파에 앉아, 모니터 앞에서 공상을 즐긴다.

'공유'란 바로 이런 것이 아닐까? 물론 우리는 직접 모험을 떠나고, 도로를 달리고, 삶의 방향을 바꾸고, 결혼을 하고, 이혼을 하고, 머리를 염색하고, 이사를 하고, 습관을 바꿀 수도 있고, 아니면 모험 소설을 읽으며 땡땡, 알렉상드르 뒤마, 쥘 베른, 잭 런던과 함께 공상에 잠겨볼 수도 있다. 다만 우리가 사는 세상에서는 현실과 환상의 이분법이 엄격하게 적용되지 않으므로, 우리는 책 속에서 모험 이야기를 읽으면서 **동시에** 모험을 할 수도 있고, 책에서 모험 이야기를 읽었기 **때문에** 모험을 경험할 수도 있다.

모든 인간의 내면에는 모험가다운 기질이 잠자고 있다. 우리는 정원 한구석에 오두막집을 짓고 직접 무언가를 만들면서 크고 작은 모험을 경험한다. 또 믿기 힘든 이야기에 귀를 기울이고 밤을 꼴딱 새우면서 짜릿함을 만끽한다. 중세의 기사가 되고, 세계에서 가장 높은 산을 정복하고, 새로운 이론을 발명하고, 공주와 결혼하고, 쪽배를 타고 바스코 다 가마[12]의 항해에 합류해보고, 닐 암스트롱과 달에 착륙해볼 수도 있다. 그것이 실제이건 환상이건, 엄청난 모험이지 않은가!

여기 철학책 덕분에 먼바다의 부름에 응답한 한 모험가가 있다. 그의 이름은 토마 코빌이다. 그는 단독 항해로 49일 3시간 7분 만에 세계일주에 성공했다. 예정된 날짜보다 8일 10시간 정도 먼저 도착했으니 아주 빠르게 항해를 마친 셈이다. 기존의 세계 신기록을 가뿐히 갈아치우는 역사적인 업적을 남겼으나, 일 년 후 프랑수아 가바르가 토마 코빌의 기록보다 6일 10시간 빠른 42일 16시간 40분 3초만에 세계일주에 성공하며 금세 신기록 타이틀을 빼앗기고 말았다.

토마 코빌은 지구를 둘러싼 대양을 홀로 가르며 엄청난 업적을 남겼지만, 사실 그는 혼자가 아니었다. 쥘 베른과 땡땡의 열성팬이자 그와 마찬가지로 해군이었던 미셸 세르의 책과 기고문이 그의 항해를 동반했기 때문이다.

미셸 세르는 해군사관학교를 졸업하고 해군 장교가 되었지만, 히로시마 원폭에 큰 충격을 받아 군대를 떠나 대학으로 갔다. '바다'에 이별을 고하고 '의미'를 좇게 된 것이다. 그는 2019년 마지막 숨을 거둘 때까지 지식인, 과학사학자, 문학가로서 활발한 집필 활동을 통해 다가올 세상의 수수께끼를 풀기 위해 노력했다. 그의 맛깔난 표현에 따르면 '미래 세상의 산파'[13] 역할을 한 것이다.

홀로 바다를 항해한 토마 코빌이 해군 경력을 가진 미셸 세르의 책을 선택한 것은 우연이 아니었다. 미셸 세르의 책을 읽다가 "내면에 있는 작은 목소리를 듣고, 그 꿈을 끝까지 좇아라. 하나의 꿈이 다른 꿈을 만들어내고, 그 꿈이 또 다른 꿈을 만들어낼 것이다."[14]라는 문장에 깊이 공감했기 때문이다. 사실 대단한 철학자나 역사학자가 아니더라도 쓸 수 있었을 문장이다.

모르비앙 지역의 트리니테 쉬르 메르에서 시작해 전 세계를 항해하고 돌아온 토마 코빌은 프랑스 앵테르 라디오와의 인터뷰에서 미셸 세르를 멘토로 언급하며 그에 대한 예찬을 아끼지 않았다. 미셸 세르도 감동의 눈물을 흘리며 세계일주를 완주하고 많은 이들에게 희망을 안겨준 토마 코빌에게 감사 인사를 전했다. 토마 코빌은 "선생님은 저와 함께 세계일주를 하셨습니다. 철학자로서 역할을 하신 거죠. 한 나라가 철학자보다 모험가의 말에 관심을 더 기울인다면, 그것은 아주 위험한 일일 겁니다. 저는 선생님이 하신 말씀에 귀를 기울였습니다. 철학자는 공부를 많이 하고 현명한 사람이기에, 의미를 부여하고 목소리를 낼 수 있으니까요."

어릴 때부터 모험심이 강했던 그는 마젤란의 발자취를 보고 세계일주 항해의 꿈을 꾸었고, 철학가로부터 꿈을 이룰 수 있는 도구를 얻었다. 철학자가 모험가에게 베풀 수 있는 것은 고작 단어의 조합에 불과하기에, 보잘것없고 비실용적인 도구라고 생각할지도 모른다. 하지만 모험가가 철학자의 말에 공감하여 그 의미를 온전히 받아들인다면, 그것이야말로 몸과 정신 사이를 오가는, 그리고 근육, 피부, 물질, 요소와 지성 사이를 오가는 가장 아름다운 모험이 되지 않을까?

66

내면에 있는 작은 목소리를 듣고, 그 꿈을 끝까지 좇아라.

미셸 세르Michel Serres

99

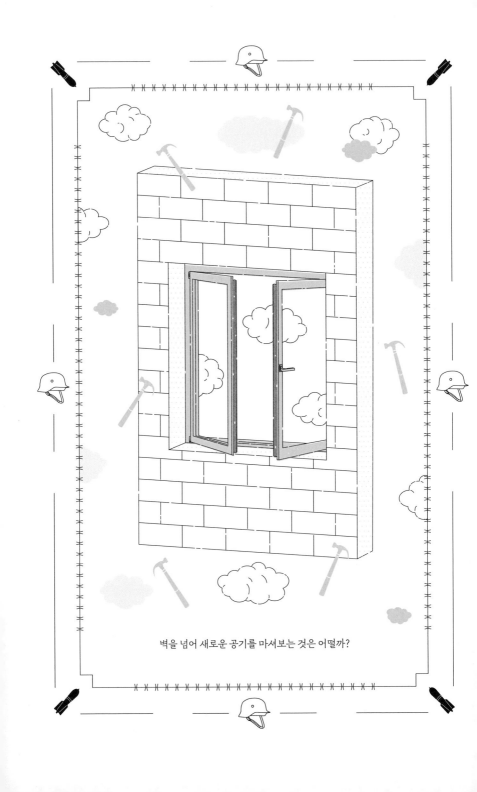

벽을 넘어 새로운 공기를 마셔보는 것은 어떨까?

핑크 플로이드의
벽

내벽은 하나의 공간을 거실, 주방, 침실, 서재로 나
누는 역할을 한다. 이는 실내에서 두 공간을 분리
하는 칸막이와 같다.

단절과 경계는 실내가 아닌 실외에도 존재한다. 이를 장벽이라
부르는데, 우리 주변에도 수많은 장벽을 찾아볼 수 있다. 동독
과 서독을 가른 베를린 장벽, 레바논 내전 중 세워진 그린 라인,
난민의 유입을 막기 위한 헝가리의 철책, 이스라엘이 점령 중인
요르단 강 서안에 건설한 분리 장벽, 2차 세계대전 중 나치가 지
은 대서양 방벽, 북아일랜드에서 구교도와 신교도를 분리한 평
화선, 유목 민족의 침입을 막기 위한 중국의 만리장성, 모로코가
서사하라 지역을 점령하고자 세운 모로코 장벽 등이 있다. 현재

지구상에는 2만 1천 킬로미터에 달하는, 즉 지구 둘레의 절반이 넘는 벽이 사람과 사람 사이를 갈라놓고 있는 셈이다. 장벽이 갈등을 줄이고 테러를 막으며 밀수를 억제하고 이민자들의 이동을 통제한다면서 장벽의 존재를 옹호하는 목소리도 있다.

물론 '정치적인' 장벽은 아군과 적군을 나누고, 경계를 정하고, 국경을 지키는 용도로 사용된다. 하지만 동시에 서로 사랑하는 사람들을 떨어뜨려놓기도 한다.

●

현재 지구상에는 2만 1천 킬로미터에 달하는,
즉 지구 둘레의 절반이 넘는 벽이
사람과 사람 사이를 갈라놓고 있는 셈이다.

●

다행히 세상에는 보기 좋은 벽도 존재한다. 구석기 시대의 라스코 벽화나 그래피티로 장식된 벽이 그렇다. 또한 조토, 미켈란젤로, 바스키아, 뱅크시, 뱅생 글로윈스키의 프레스코, 벽화나 무명 예술가의 작품은 도시의 답답한 벽에 생기와 서사를 부여한다.

음악에도 벽이 있다. '음악의 벽'은 음속장벽[1]과 전혀 다른 개념으로 전쟁, 억압, 사유의 부재를 고발한다. 바로 영국의 록 밴드 핑크 플로이드가 1979년에 발표한 명반 〈The Wall〉이다. 이 음반은 역사상 가장 많이 팔린 더블 앨범으로, 현대적으로 해석된 웅장한 '오페라', 신시사이저와 기타 소리가 들어간 '오라토리오'라고도 할 수 있다. 이 음반은 오페라로 제작되어 몬트리올에서 성공을 거두기도 했다.

1차 세계대전이 벌어졌던 1916년, 한 아버지가 프랑스 참호에서 아들을 잃었다. 2차 세계대전 중이던 1944년에도 같은 일이 일어났고, 이번엔 한 아들이 아버지를 잃었다. 전쟁은 수 세기 동안 쉼 없이 이어졌지만, 인류는 어떠한 교훈도 얻지 못했다. 불행의 역사는 되풀이됐다. 아버지를 잃은 아들의 가명은 '핑크', 실명은 '로저 워터스'로, 이제 여든에 가까운 그는 핑크 플로이드의 리더이다. 그는 이탈리아 전선에서 생을 마감한, 한 번도 본 적 없는 아버지를 그리워한다. 일찍이 짧은 생을 마감한 할아버지를 그리워하듯 말이다.

앨범 〈The Wall〉의 출발점은 아버지들의 '부재', 삶의 이정표의 '부재'이다.

●

핑크 플로이드의 '벽'이 상징하는 것은
위험천만한 바깥세상으로부터 자신을 보호하기 위해
벽돌을 한 장 한 장 쌓아 만든 내면의 벽이다.

●

그렇다면 앨런 파커의 영화 〈핑크 플로이드의 더 월〉은 어떨까? 그곳에서는 망치들이 드럼 비트에 맞춰 행진하고, 빅 브라더가 세계를 감시하며, 비행기는 폭탄을 투하하고, 음산한 꽃은 춤사위로 우리를 유혹한 뒤 사나운 모습으로 돌변한다. 120분 동안 심오한 음악을 배경으로 이어지는 이 영화는 정치적인 우화를 통해 우리에게 깨달음을 준다. 그렇다. 핑크 플로이드의 〈The Wall〉은 록 음악으로 쓰인 정치 풍자문으로, 로저 워터스는 멕시코 국경에서 이 앨범으로 콘서트를 열고 싶다는 소망을 내비치기도 했다.

핑크 플로이드의 '벽'이 상징하는 것은 위험천만한 바깥세상으로부터 자신을 보호하기 위해 벽돌을 한 장 한 장 쌓아 만든 내면의 벽이다. 하지만 상상의 적에게서 자신을 보호하기 위해 나와 타인 사이에 세운 벽을 연상시키기도 한다. 카프카의 소설 속에서 법을 지키는 문지기가 있듯, 벽이 있다면 그 벽을 지키는 관리자가 필요할 것이다. 현실 속에서는 무기, CCTV, 증오의 수사학, 신경마비제, 폭탄이 순응주의와 독재국가라는 높은 벽을 철저히 수호하고 있다.

벽이 우리 안에 있든 밖에 있든 중요치 않다. 장벽은 단절을 의미하기에, 그 자체로 악한 것이다. 우리는 자유로운 존재들이다. 그러니 집에 있는 모든 창문을 열자. 활짝 연 문으로 상쾌한 공기가 통하게 만들자.

벽을 넘어 새로운 공기를 마셔보는 것은 어떨까?

파란 커튼으로 가려진
〈게르니카〉

전쟁의 분노와 피로 가득한 작품으로 전 세계에 이름을 알린 스페인 바스크 지방의 한 마을이 있다.

바로 게르니카이다. 파블로 피카소는 이 마을의 이름을 가로 8미터, 세로 3.5미터의 초대형 흑백 회화작품에 붙였다.

1936년 7월, 스페인의 보수파가 쿠데타를 일으켰다. 그들은 2월 선거에서 승리한 좌익연합 정부를 전복하려 했지만 계획은 실패로 돌아갔다. 이러한 내부 분열은 스페인 전체를 내전으로 몰아넣었다. 9개월 후인 1937년 4월 26일 월요일, 프랑코 장군의 지원 요청을 받은 독일과 이탈리아는 파시즘 대항 세력을 진압하기 위해 군용기를 보냈고, 스페인의 작은 마을

게르니카에 엄청난 양의 폭탄을 투하했다. 그날은 마을에 장이 서는 날이었다.

스페인 주변국들은 무거운 침묵을 지키고 있었다. 평화로운 국가(물론 그들의 평화도 오래 유지되지 않았지만, 당시 그들은 그 사실을 알지 못했다.)의 정치인들은 우파와 좌파를 막론하고 최고급 샴페인을 마시며 시가를 피웠고, 상황을 관전하며 내부 협상을 시도했다. 오늘날 UN에서 오고 가는 외교적 수사와 다를 것이 없었다. 강대국들은 밀고 당기는 줄다리기를 펼치며, 군사적 개입을 해야 할지, 병력을 파견해야 할지, 정당성이 있는 좌파 편에 서야 하는지, 아니면 정당성은 없지만 거칠게 포효하는 우파를 지원해야 하는지, 그저 고민만 거듭했다. 하지만 추잡한 권력가들에게는 스페인 내부에서 일어나는 이데올로기 분쟁에 끼어들고 싶은 마음이 추호도 없었다. 그들은 손에 피를 묻히지 않으면서도 체면을 살릴 방안을 찾아냈다. 결국 샴페인 한 잔을 더 들이켜고는 아무런 행동도 하지 않기로, 즉 불간섭 조약을 체결하기로 결정했다. 하지만 얼마 지나지 않아 독일의 나치와 이탈리아의 파시스트들이 이 조약을 위반했다. 1937년 4월 26일 월요일 장이 열리던 날, 나치의 콘돌 군단과 이탈리아 파시스트 공군 부대는 각각 44대, 13대의 폭격기를 보내 게르니카 마을 전체를 쑥대밭으로 만들었다.

그림은 집을 장식하기 위한 것이 아니다.
그림은 적을 공격하고 나를 방어하는 전쟁의 도구이다.

파블로 피카소Pablo Picasso

이 참극이 발생하기 몇 달 전, 프랑스에 거주하던 피카소는 스페인 정부로부터 파리만국박람회 스페인관에 전시할 작품을 의뢰받은 터였다. 의뢰를 수락할지 고민하던 와중에 게르니카 폭격이 일어난 것이다. 그는 폭격 이후 8일 만에 작품을 맡기로 결정하고, 즉시 작업에 돌입했다. 1937년 5월 1일부터 6월 4일까지, 단 한 달여 만에 세상에서 가장 유명한 벽화 〈게르니카〉가 완성되었다.

작품은 매우 촉박하게 제작되었다. 피카소는 이틀 만에 고통받는 말과 죽은 아이를 품에 안은 어머니로 캔버스 중앙을 채웠고, 한 주 만에 작품의 전체적인 부분을 완성시켰다. 피카소는 파리의 그랑 조귀스탱가 7번지에 마련한 스튜디오에서 작품을 그렸는데, 그의 연인 도라 마르가 중간중간 찍은 사진을 보고 흑백의 뉘앙스를 조절했다고 한다.

〈게르니카〉에 많은 애정을 쏟은 피카소는 누구나 단번에 의미를 파악할 수 있는 작품을 만들고자 했다. 그는 "그림은 집을 장식하기 위한 것이 아니다. 그림은 적을 공격하고 나를 방어하는 전쟁의 도구이다"[2]라고 선언했다.

　　이 작품은 2차 세계대전 중 대서양을 건너, 이후 40년 동안이나 뉴욕현대미술관에 머물렀다. 1981년에 드디어 스페인에 반환되었고, 1992년부터 마드리드의 레이나 소피아 미술관에 전시되었다.

　　미국은 〈게르니카〉를 고향으로 돌려보냈지만, 복제품을 제작해 UN 안전보장이사회 회의장 입구에 걸어놓고 전 세계 지도자, 장관, 외교관들에게 전쟁의 참상을 환기시키기로 했다. 여담이지만 게르니카라는 단어에 프랑스어로 전쟁을 뜻하는 '게르guerre'가 들어 있으니, 참 묘한 우연이 아닐 수 없다.

　　〈게르니카〉가 위엄스레 자리를 지키며 전쟁이 가져오는 무질서, 그 지옥을 눈앞에 흔들어대고 있을 때, 전쟁의 악몽을 잠시 묻어두고 떠올리지 않아야 할 경우에는 어떻게 해야 할까? 그때 누군가가 아주 얇은 술책을 들고 나왔다. 2003년, 이라크 군사 개입을 지지하는 미국의 콜린 파월 국무장관은 호소문을 발표하기 전에 UN 안보리 회의장 입구에 놓인 복제품을 파란 커튼으로 가리고 말았다.

　　이 일화는 〈게르니카〉가 가진 역사적, 상징적인 힘을 보여준다. 단지 복제품일 뿐임에도, 전쟁을 이야기하고, 때로는 평화를 수호한다. 그렇기에 오늘날 르완다[3]나 스레브레니차[4]에 대해 눈과 귀를 닫고 엄숙한 선언만 하고 마는 그곳에서는 피카소의 작품을 감춰야만 했던 것이다.

1937년 4월 26일 월요일 장이 열리던 날, 무솔리니와 히틀러는 자신들의 이데올로기적, 군사적 욕망을 위해 수많은 민간인을 희생시켰다. 그들은 엄청난 규모의 대학살을 준비하며 게르니카를 배경으로 리허설을 진행했다.

2016년 9월 23일, 프랑스 외무부장관 장마르크 에로는 UN 기자회견장에서 "알레포[5](옮긴이 - 알레포는 2011년 발발한 시리아 내전의 최대 격전지이다.)가 21세기 게르니카로 전락하는 것을 두고 보지 않겠다"[6]고 했다. 혹시, UN 본부에 걸린 작품을 보고 이런 비유를 떠올리게 된 것은 아닐까?

프랑스 외무부장관의 선언에도 불구하고, 알레포와 게르니카 이 두 도시는 80년의 시차를 두고 같은 운명을 맞이했다. 무고한 시민들을 상대로 폭력의 역사, 반인류적 범죄가 반복되었다. 우리는 이제까지 무엇을 했고, 무엇을 방관했던 걸까?

마티스, 마티아스, 매티스

파울 힌데미트는 오페라 〈화가 마티스〉를 작곡했
다. 단, 오해하지 마시길. 이 작품에 등장하는 화가
는 피카소의 최대 라이벌이었던 춤과 음악의 화가
마티스가 아니다.

힌데미트 오페라의 실제 주인공은 마티아스 그뤼네발트이다.
그는 르네상스 시기에 화가 겸 엔지니어로 활약하면서, 오토
딕스와 같은 20세기 초 독일 표현주의 작가들에게 많은 영향
을 미쳤다.

특히, 마티아스 그뤼네발트의 대표작인 〈이젠하임 제단
화〉는 독일 화가 오토 딕스에게 무궁무진한 영감의 원천이 되
었다. 그는 1차 세계대전이 발발하자 자원하여 전쟁터로 나갔
고, 그곳에서의 경험을 바탕으로 마티아스의 제단화를 끔찍한

작품으로 재해석했다. 그만의 독특한 시선과 터치로 탄생한 〈참호〉(1918)를 보면 〈이젠하임 제단화〉 속 예수의 고난이 연상되는 이유이다. 고야가 〈마드리드 1808년 5월 3일의 학살〉(1814)을, 피카소가 〈게르니카〉(1937)를 그린 것처럼, 오토 딕스도 전쟁의 처참함을 고발하기 위해 이 작품을 제작했다. 〈참호〉는 1923년 독일의 쾰른에, 1924년에는 베를린에 전시되며 엄청난 반향을 일으켰다. 이후 드레스덴 시립 박물관에 판매되었지만, 나치에 저항하는 작품으로 낙인 찍혀 '퇴폐미술'[7] 취급을 받기도 했다. 프랑스 화가 제라르 가루스트도 〈이젠하임 제단화〉에서 영감을 받아 두폭화 〈이젠하임의 이사야〉를 통해 자신의 분노를 표출했다. 이렇듯 마티아스 그뤼네발트의 작품이 가진 힘을 짐작해볼 수 있다.

> 66
>
> 지금은 관용의 시간이 아닌 칼과 분노의 시간이다.
> 당국은 마지막 반란군의 숨통이 끊어질 때까지
> 단호하게 처단하고, 끈질기게 탄압해야 한다.
>
> 마틴 루서Martin Luther
>
> 99

한편, 파울 힌데미트가 대본과 음악을 쓴 〈화가 마티스〉는 7장으로 구성된 오페라로, 독일 '농민 폭동'이 벌어진 1525

년을 배경으로 한다. 독일 남부와 스위스, 알자스 로렌에서 귀족의 압제 하에 끔찍한 가난에 허덕이던 농민들이 이 폭동을 시작했다. 참여한 농민 3천 명 중 약 1천 명이 목숨을 잃었으며, 이 '평민들의 봉기'는 독일 역사상 가장 잔혹한 순간으로 기록되기도 했다. 반란이 일어난 데에는 경제적 문제뿐만 아니라 사회적 이유도 있었다. 농민들은 사형제를 폐지하고, 아무런 혜택도 돌아오지 않는 세율을 제한할 것을 주장했다. 종교 개혁에 관한 내용도 포함되어 있었다. 이에 격분한 독일의 신학자 마틴 루서는 농민 봉기를 규탄하면서 "(…)할 수만 있다면 비밀리에 혹은 공개적으로 그들을 때려잡고, 목을 베고, 학살해야 한다. 반란을 공모한 자는 세상에서 가장 악하고 해로운 존재이다. (…) 지금은 관용의 시간이 아닌 칼과 분노의 시간이다. 당국은 마지막 반란군의 숨통이 끊어질 때까지 단호하게 처단하고, 끈질기게 탄압해야 한다. (…) 친애하는 영주들이여, 우리는 앞다투어 그들을 찌르고, 베고, 목을 내리쳐야 한다"[8]라며 상상을 초월하는 폭력의 언어로 농민들의 탄압을 부르짖었다.

한 교회를 이끄는 우두머리가 이렇게 잔인한 어휘를 사용해 당대의 지도층에게 농민 제압을 주장한 것이다.

그로부터 4세기가 지난 1934년 독일, 탄압과 폭력의 역사는 다시 반복되었다. 끝을 모르는 혐오의 언어는 타인, 외국인, 좌파, 인권, 유대인을 차별했고, 사회 지도자들은 대기업의 영광을 찬양했다.

　그러자 파울 힌데미트는 종교개혁과 마티아스 그뤼네발트라는 인물을 통해 동시대를 돌아보게 만들었다. 그의 오페라 〈화가 마티스〉는 '금기와 검열이 난무하는 시대에 예술의 역할은 무엇일까?', '억압의 시대에 작가는 어떻게 자신의 예술 세계를 자유롭게 펼칠 수 있을까?'와 같은 정치적인 물음을 던졌다. 이 작품은 1938년에 초연되었으나 이후 오토 딕스의 〈참호〉와 마찬가지로 나치 세력에 의해 탄압당했고, 파울 힌데미트는 미국으로 망명을 떠났다.

　당시만 해도 사람들은 미국이 망명자를 받아들이고 보금자리를 제공하는 국가라고 여겼다. 도널드 트럼프가 내각 인사를 발표하고 난 후, 그러한 생각을 하는 사람들은 점점 줄어들었다. 당시 그가 꾸린 내각에는 소위 '인도주의적 억만장자'들이 상당수 포함되어 있었다. 특히 신임 국방장관의 이름이 발표되는 순간 사람들은 엄청난 충격에 휩싸였다. 과거 사령관을 역임한 이 인물의 서재에는 7천 권의 책이 꽂혀 있다고 한다. 그런데 이라크와 아프가니스탄에서 전쟁을 벌이느라 과연 이 책을 읽을 시간이 있었는지 의문이다. 그는 사람을 쏘는 것이 '재밌다'라고 하는 등 논란의 소지가 있는 발언으로 유명하며, '미친개mad dog'와 '수도승 전사warrior monk'라는 별명을 갖고 있다. 트럼프가 국방장관 자리에 최고의 적임자라 자부하는 이 인물의 이름은 아이러니하게도 매티스이다. 화가 앙리 마티스도 아니고, 〈화가 마티스〉의 실제 주인공 마티아스 그뤼네발트도 아닌 전쟁광 제임스 매티스이다. 그는 미친개이자 수도승 전사라고 하는데, 개와 수도승, 전사 중에 무엇을 가장 두려워해야 하는지 도통 알 수가 없다.

이성이
잠든 밤

캉디드[9]와 그의 멘토 팡글로스[10]는 우리가 최선의 세계[11]에서 살고 있기에 걱정할 것이 없다고 하지만, 인생을 살다 보면 괜스레 발걸음이 무겁고 마음이 울적해지는 날이 있다.

우리는 확실히 불확실한 시대를 살고 있다. 특별히 박식하거나, 특별히 고지식하지 않아도 우리 사회의 연속성과 신뢰도가 무너지고 있는 것을 느낀다. 와해된 파편은 점차 흩어지고 있으며, 파열음은 하루가 다르게 커지고 있다. 파열음에 대한 이야기가 나왔으니, 2017년 4월에 처음 등장해 전 세계 언론에 오르내린 '모든 폭탄의 어머니MOAB'[12]를 언급하지 않을 수 없다. 이 얼마나 부도덕하고 외설적인 단어인가? 파괴를 상징하는 '폭탄'에 부드러움, 너그러움, 무조건적인 사랑, 보호를 상징하는 '어머니'를 결합했으니 말이다. 그러나 마치 이것으로는 충분하지 않다는 듯 러시아는 '모든 폭탄의 아버지FOAB'[13]를 내놓았다. 도대체 이 말도 안 되는 표현들은 어디에서 온 것일까?

1920년대 말 이탈리아에는 패기 넘치는 공산주의 사상가가 한 명 있었다. 무솔리니의 파시스트 감옥에서 10년간 옥살이를 한 그의 이름은 안토니오 그람시이다. 영화감독 파솔리니의 존경을 한몸에 받았던 이 젊은이는 "위기란 낡은 것이 죽어가는데도 새로운 것이 아직 탄생하지 않은 시기이다. 바로 이 공백기에 다양한 병적 징후가 출현한다"라며, 지금 우리가 사는 시대에 대입해도 전혀 어색할 것이 없는 말을 남겼다. 갈리마르 출판사의 『옥중일기』[14]에서는 이처럼 번역되었지만, 시인이자 번역가였던 세르주 방투리니가 인용한 다른 번역본을 보면 "낡은 세상은 죽어가고, 새로운 세상은 아직 태동하지 않았으며, 모든 것이 희미한 이때 괴물들이 등장한다"[15]고 쓰여 있다.

우리는 세상을 비추는 TV나 인터넷을 통해 괴물들을 목격한다. 절도, 폭력, 성폭행, 전쟁, 거짓, 부패, 싸움이 하루가 멀다 하고 난무한다. 구차한 변명을 걷어내고 냉정하게 자신의 내면을 돌아본다면, 우리 안에서도 쉽게 괴물을 찾을 수 있다. 툭 건드리기만 해도 언제든 냉소를 지으며 포효할 수 있는 괴물을. 그러고 보면 2차 세계대전에서 6백만 명이 목숨을 잃은 것을 오로지 히틀러의 책임으로 돌릴 수는 없다. 그에게는 수

많은 추종자들이 있었다. 합법적인 틀 안에서 자기 내면의 괴물을 자유롭게 풀어놓을 수 있다는 쾌감에 완전히 도취된 자들이었다.

희망과 새로움이 가득한 어느 부활절 봄날, 터키의 한 독재자는 국민투표를 거쳐 절대 권력을 차지했다. 그날로부터 약 100일 전, 세계 유일의 초강대국 미국에서는 매우 충동적이고 위험천만한 인물이 선거를 통해 권력을 쥐었다. 그 와중에 시리아에서는 대학살이 벌어졌으며, 수천 명의 피난민들은 죽음의 문턱을 넘나들었다. 이 정도면 비관론자의 심정을 충분히 이해할 수 있을 것도 같다. 상대방의 의견을 경청하거나, 협상이나 타협을 통해 평화를 지키는 데에는 한 치의 관심도 없는, 즉 정치에 완전히 문외한인 자들에게 왜 그토록 수많은 사람들이 표를 던지는 것일까? 조금 더 일반화해보자면, 공익이라는 대승적 관점을 부정하는 이들에게 왜 유권자들은 열광하는 것일까?

> 66
>
> 낡은 세상은 죽어가고,
> 새로운 세상은 아직 태동하지 않았으며,
> 모든 것이 희미한 이때 괴물들이 등장한다.
>
> 안토니오 그람시|Antonio Gramsci
>
> 99

한국이나 러시아에서도 마찬가지이다. 시리아, 헝가리, 폴란드, 오스트리아, 이탈리아 등에서도 상황은 별반 다르지 않다. 권력자들은 가짜로 지인을 고용해 월급을 주거나, 값비싼 옷을 받거나, 출석하지 않고 참석비를 챙기거나, 살짝 뒷거래를 한다. 이런 일들을 사소한 사건으로 치부할 수도 있지만 부끄러운 짓이라는 것에는 변함이 없다. 안타깝게도 너무나 많은 권력자들은 철부지 아이처럼 세상이 자기 중심으로 돌아가기를 원하고, 남보다 더 좋은 대접을 받기 위해 모든 반대 세력을 철저히 배척한다. 독재자나 폭군은 무슨 일이 있어도 자신의 의견을 관철시키며, 어떠한 제한이나 견제도 받아들이려 하지 않는다. 그들은 작은 일에도 괴물을 풀어놓는 것이 정당하고, 심지어 합법적이라고 생각한다.

이러한 관점에서 본다면, 그람시는 문제의 핵심을 꿰뚫고 있다. 그는 '지성의 비관주의와 의지의 낙관주의'를 결합시킬 것을 주장한다. 정확히 말하자면, 그람시는 1929년 12월 19일, 크리스마스를 앞두고 동생 카를로에게 쓴 편지에서 프랑스 소설가이자 인본주의자인 로맹 롤랑을 인용해 '나의 지성은 비관적이지만, 나의 의지는 낙관적이다'라고 했다. 이는 심리학자이자 역사학자인 엘리자베스 루디네스코가 좌우명으로 삼은 문장이기도 하다.

유럽에 어둠이 드리운다. 역사는 얼음판 위를 계속 미

끄러지고 갈피를 잡지 못하고 있다. 권력가들은 정치판을 휘두르며 앞다투어 폭탄의 '어머니'와 '아버지'를 내놓고 있다. 이토록 명백하게 비관적인 상황에서, 지성과 의지에 대한 희망의 끈을 놓지 않은 평화의 사도를 어디서 찾을 수 있을까?

릴케의
표범처럼

1902년 11월 6일, 독일 시인 라이너 마리아 릴케
는 파리 식물원을 거닐다가 그곳에 갇힌 동물을 보
고는 의미심장한 시상을 떠올렸다. 그렇게 쓴 시는
감옥, 벽, 테두리, 국경을 은유적으로 묘사하며 내
적인 감금에 대한 분노를 표했다.

릴케의 시 「표범」은 다음과 같이 시작한다.

"그의 눈길은 스치는 창살에 지쳐 이젠 아무것도 붙잡
을 수가 없다. 그에겐 마치 수천의 창살만이 있고 그 뒤엔 아무
런 세계도 없는 듯하다."[16] 절박함이 담긴 이 시는 모든 동물원
과 서커스 무대 벽에 새겨져야 하고, 구치소, 수용 시설, 병원,
폐쇄된 곳, 어린이집, 학교 그리고 너무나도 미화되어 '요양원'
이라고 불리는 곳에서 읽히고 낭독되어야 한다. 릴케의 시는
감금된 존재에게 철창 밖 세상은 존재하지 않음을 지적한다.

이는 플라톤이 『국가』의 유명한 구절을 통해 우리에게 전달하고자 한 메시지이기도 하다.

　　서양사 최초의 정치철학서 『국가』를 집필한 플라톤에게는 스승이자 친구인 사람이 한 명 있었는데, 이 자는 누구에게나, 언제든지, 모든 것에 대해 질문을 던졌고, 특히 인간의 행위를 결정짓는 동인에 대해 궁금해했다. 선이란 무엇인가? 선을 어떻게 정의할 것인가? 왜 누군가는 선을 원하고, 다른 누군가는 미움에 사로잡혀 악에서 즐거움을 찾을까? 도시란 무엇인가? 정의란 무엇인가? 행복이란 무엇인가? 영혼이란 무엇인가? 진실이란 무엇인가? 그는 이러한 질문을 던졌고, 스스로 답을 하기도 했다. 호기심이 있는 사람들은 그에게 매료되었고, 플라톤도 그를 예찬했다. 그의 이름은 바로 소크라테스이다. '정치'는 자유롭고 지적 호기심이 많으며 체제를 인정하지 않는 소크라테스를 마치 동물원의 표범처럼 철창에 가두고 그의 목숨을 앗아갔다. 사실 오늘날에도 수많은 소크라테스가 매일 유죄를 선고받고, 암살당하고 있다. 이는 플라톤에게 아주 큰 고통을 안겨주었다.

　　플라톤은 자신의 이해를 벗어나는 이 사건을 이해하고자 스승의 뒤를 이어, 정의로운 도시의 조건이 무엇인지, 그에 앞서 정의란 무엇인지 탐구하기 시작했다. 그리고 하나의 명제에 다다르게 되었다. 정의가 특정 계급이나 행복한 소수만을 위한 것이 아니라 모든 사람을 위한 것이 되려면, 누구에게나 같은 기준이 적용되어야 한다는 것이다. 절대적이고 변질되지 않으며 부패하지 않는 정의만이 진정한 정의이며, 이 땅의 정의는 '정의의 표본'에 부합해야 했다. 또한 정의를 향한 투쟁을 지속하려면 정의의 영혼을 보살펴야 했다. 다시 말해, 조급하게 판단을 내리거나, 감정에 휩쓸려 얼떨결에 결정을 내리는 행위를 경계해야 한다. 우리는 사유해야 한다. 사유는 용기를 필요로 하는 자유를 향한 행위이다.

동굴 안은 포근하며, 맹목적인 것은 편리하다. 포근함과 편리함의 포로는 탈출을 꿈꾸지 않는다. 우리는 모니터 너머로 펼쳐지는 삶을 바라보고 만족감을 느낀다. 릴케의 표범처럼 지치고 나태해진 우리는 수천의 창살 뒤로 그 무엇도 존재하지 않는다고 생각한다. 그리고는 눈을 감는다.

66

그의 눈길은 스치는 창살에 지쳐
이젠 아무것도 붙잡을 수가 없다.
그에겐 마치 수천의 창살만이 있고
그 뒤엔 아무런 세계도 없는 듯하다.

라이너 마리아 릴케Rainer Maria Rilke

99

빨리 떠나, 멀리 가서, 늦게 돌아오라.

내일의 유토피아를
만나는 법

많은 이가 더 나은 세상에 대한 믿음 때문에 자신의 자유, 우정, 가족, 심지어는 목숨까지 희생하는 일을 마다하지 않는다.

얼마 전 영국에서 브렉시트를 두고 정치적 대립이 이어지던 중, 유럽연합 잔류를 주장하는 40세 노동당 국회의원 헬렌 조앤 콕스가 칼에 찔리고 총격을 입어 목숨을 잃었다.

『가디언』은 사설을 통해 이 사건을 '인류, 이상주의, 민주주의에 대한 공격'이라 규탄하며 분노를 표했다. 『데일리 미러』 등의 언론사들도 사건 다음 날인 6월 17일 금요일 1면에 '조앤은 더 나은 세상을 믿었습니다'로 시작하는 남편 브렌든 콕스의 연설문을 실었다.

이렇듯 선한 의도를 가지고 더 나은 세상을 위해 싸우다가 죽음을 맞이한 사람들의 소식은 우리 모두를 격분시킨다. 그가 기자이든, 평범한 시민이든, 혁명가이든, 지식인이든, 반체제 인사이든, 야당 의원이든 말이다.

더 나은 세상에 대한 믿음. 그것은 청소부, 엔지니어, 발명가, 사무직원, 외과 의사, 예술가, 농부를 비롯한 이 세상 모든 사람들이 아침에 눈을 뜨고 두 팔을 걷어 붙이는 이유이다. 바로 이들이 변화의 주역이다.

쿠엔틴 메치스, 얀 호사르트, 알브레히트 뒤러, 한스 홀바인과 같은 예술가들이 더 나은 세상을 바라며 유토피아에 열광했던 것도 다르지 않다. 프랜시스 베이컨, 조너선 스위프트, 프랑수아 페넬롱, 디드로, 샤를 푸리에를 비롯한 수많은 '숭고한 몽상가'도 마찬가지이다.

더 나은 세상을 믿는다는 것은 무엇일까? 그것은 지금과 다른 현실이 올 수 있으며, 이 '다른' 현실은 이상향에 더 가까운, 즉 지금보다 조금 더 정의롭고, 평등하며, 자유롭고, 사랑이 넘치는 세상이 될 것이라는 믿음이다. 이는 모든 유토피아의 심장에 혈액을 주입하는 펌프질과 같다. 플라톤의 『국가』는 정의에 대한 이상향을 추구했고, 그의 사상은 르네상스 시대까지 영향을 끼쳤다. 르네상스 시대의 정치가 토머스 모어는 튜더 왕조 헨리 8세의 불공정한 폭정에 대항했고, 『유토피아』를 집필해 더 나은 세상을 향한 자신의 믿음을 녹여냈다.

유토피아는 그 어느 지도에도 존재하지 않고 찾을 수도 없는 섬이다. 그것은 '어디에도 없는' 섬이다. 모어는 이곳의 이름을 '어디에도 없음'을 의미하는 라틴어 '누스쿠아마'로 정하려 했으나, 결국에는 누스쿠아마와 동의어이면서 '행복한 곳', '좋은 곳'이라는 의미까지 품은 그리스어 신조어 '유토피아'를 선택했다. 이후 프랑스 작가 프랑수아 라블레는 자신의 작품에서 유토피아의 군주로 거인들을 등장시켰다. 그리하여 1532년에 '유토피아'가 프랑스어에서 보통 명사로 완전히 자리잡게 된 것이다.

토머스 모어는 자신의 저서에서 유토피아 섬의 옛 이름이 '아브락사'라고 소개했다. 이는 대륙에서 떨어져 나간 땅을 지칭하는 단어이자 그의 친구 에라스무스가 지어낸 단어이기도 했다. 에라스무스는 자신의 책 『우신예찬』에서 광인들의 도시를 아브락사라고 불렀다. 유토피아는 물론 이상형을 추구하고 있기는 하지만 본래 광인들이 사는, 그리고 실제로 존재하지도 않는 섬의 이름이었다는 사실은 인간의 행복, 혹은 이를 위한 인간의 **모험**은 결국 미친 짓이라는 것을 보여준다. 그렇다, 이것은 미친 짓일지도 모른다. 그럼에도 이 땅에 사는 남녀노소 모두가 온전히 행복해질 수 있다는 희망으로 책을 쓰고, 꿈을 꾸고, 이를 실현하기 위해 노력하는 것 정도는 할 수 있지 않을까? 과거에도 현재에도 그리고 미래에도, 인간은 모두 행복한 삶을 원한다. 그리고 이 욕구는 인간의 행위를 결정짓는 강력한 동인이다.

오늘날 새로운 것은, 토머스 모어나 콕스 의원이 꿈꾼 가상의 유토피아가 역사의 전환점에 가능성이 있고 바람직한 아이디어로 구체화되고 있다는 것이다. 역사는 진보를 거듭하고, 더 나은 미래를 꿈꾼다. 이를 위한 실질적인 노력도 함께 이루어지고 있다. 예컨대 프랑스의 영화배우이자 영화감독인 멜라니 로랑과 작가이자 영화감독인 시릴 디옹은 2015년 제작한 다큐멘터리 〈미래〉를 통해 현실적인 유토피아를 소개하면서 시민들의 책임감을 고취시키고 변화를 촉구했다. 〈미래〉는 우리가 어디에 있든, 무엇을 하든, 각자의 자리에서 최선을 다해 행복한 미래를 만들어가길 제안한다. '세계적으로 생각하고, 지역적으로 행동하라.' 다만, **우리 모두 함께** 생각하고 행동해야 한다. 유토피아는 공동체가 풀어야 하는 정치적 과제이기 때문이다. 지금 당장 두 팔을 걷어 붙이자. 유토피아라는 내일은 오늘 시작되는 법이다.

민중의
근심

우리 사회는 나침반처럼 오른쪽으로 움직였다가 왼쪽으로 움직이고, 때로는 전혀 움직이지 않기도 한다. 몇 년 전부터 유럽 전역에 포퓰리즘의 거친 바람이 불고 있다.

유럽 내 반체제 정당들은 '데카당스'[1]와 '엔트로피'[2]로 상징되는 쇠락과 혼돈의 망령을 내세워 민중을 선동하며, 많은 국가에서 세력을 확대했다. 프랑스의 반체제 철학자 미셸 옹프레가 〈세계에 관한 간단한 백과사전〉 시리즈의 1권 『코스모스』에 이어 600장이 넘는 2권 『데카당스』[3]를 발표한 것도 같은 맥락이다. 그들은 유대-기독교로 대표되는 서구가 붕괴되었다고 주장한다. 타이타닉호가 4월의 어느 날 밤 캄캄하고 차가운 바닷물 속으로 침몰했듯, 우리 문명도 귄터 안더스가 이야기한 '왕국

없는' 종말[4]로 치닫고 있다고 말이다.

그런데 문명의 쇠락에 대해 이야기하다 보니, 문득 샛노란 머리에 샤워 가운을 걸친 네로 황제가 떠오르며, 새롭고 강한 지도자를 갈망하는 터키, 러시아, 체코의 모습이 연상된다. 이러한 현상이 발생한 배경은 뻔하다. 공공 부채가 증가하고, 부패가 만연하며, 엘리트에 대한 불신이 팽배한 데다가 저조한 성장률이 계속된 탓이다. 민주주의가 온탕에 몸을 담갔다 뺀듯 생기를 잃은 사이, 반체제 정당들은 '민중의 근심'을 정치적으로 이용하기 시작했다. '민중의 근심'이라는 표현에 등장하는 민중은 어떤 민중이고, 근심은 어떤 근심일까? 이 질문에 답하는 일은 쉽지 않다. 민중이란 추상적인 개념이기에 경우에 따라 서로 다른 집단을 의미할 수 있기 때문이다.

라틴어로 민중은 포풀루스populus라고 한다. 이는 특별한 의도 없이 집결한 군중, 혹은 로마인들이 플레브스plebs, plebis라고 부르는 '단순히 모인 집단'과는 엄연히 다르다. '포풀루스'는 시민, 즉 투표권을 가진 모든 사람을 일컫는 고귀한 단어이다. 그래서 키케로는 『국가론』에서 "민중은 무작위로 모인 사람들이 아니라, 공동의 정의와 공공의 이익에 공감하고 동의한 사람들의 집단을 뜻한다"[5]라고 말했다.

하지만 이 단어에는 은유적이고 자연 친화적인 의미도 담겨 있다. 라틴어로 포풀루스는 포플러 나무를 지칭할 수도 있다. 식물학자 프랑수아 쿠플랑에 따르면, 로마인들은 도시의 공공장소에 포플러 나무를 즐겨 심었다고 한다. 포플러 군락이 마치 "함께 모인 사람들처럼"[6] 곧고 조밀하게 자라나서였을까? 그에 비해 홀로 드리워진 버드나무가 많이 외로워 보이는 것은 사실이다(그래서 버드나무가 부스스 소리를 내며 우는 것일지도).

로마에서는 시민과 천민 같은 이분법이 존재했고, 고대 그리스에서는 민중을 의미하지만 뉘앙스가 조금씩 다른 단어 다섯 개가 있었기 때문에, 민중을 지칭하는 일은 아주 까다로웠다. 게노스$\gamma \acute{\epsilon} \nu o \varsigma$는 후손, 후대라는 의미를 부각해 그리스인의 혈통을 강조했고, 엣노스$\acute{\epsilon} \theta \nu o \varsigma$는 여기에 동일한 문화를 가진 집단이라는 의미가 더해졌으며, 라오스$\lambda a \acute{o} \varsigma$는 집결한 군중을 의미했고, 오클로스$\acute{o} \chi \lambda o \varsigma$는 형태나 의견이 없는 단순한 대중 agrammatos을, 데모스$\delta \tilde{\eta} \mu o \varsigma$는 시민을 뜻했다. 그러므로 라틴어 포풀루스를 그리스어로 번역한다면, 결정을 내리는 이성적인 민중, 즉 데모스가 된다. 데모스는 민주주의의 생동하는 심장이자 정치적인 집단이다.

민주주의에서 '데모스'가 중요한 이유가 바로 여기에 있다. 시민의 지위는 보편적인 사유를 할 수 있는 개인에게 주어진다. 로마인들도 이러한 의미를 담아 '보편 시민universi cives'이라는 표현을 썼다. 이는 사사로운 이익을 **잠시** 접어두고, 공공의 선을 추구하며, 개인의 이익보다 공공의 이익을 우선시하는 것을 의미한다. 예를 들어 한 국가의 현직 대통령이 이해 충돌을 피하고, 세금을 납부하고, 그 내역을 공개하는 것은 이와 같은 원칙에 입각한 행위라고 할 수 있다. 세금을 납부하는 것은 아주 시민적인 행동이기 때문이다.

퓌블리팽과 자회사 스캔들, 카위작 스캔들, 페넬로페게이트, 카자흐게이트, 파나마 페이퍼스, 파라다이스 페이퍼스, 스위스 계좌 사건 등을 불법 행위로 단정지을 수 없을지도 모른다. 하지만 이는 시민의 의무를 교묘하게 회피하는 행위이며, 무엇보다도 이성적인 사고와 적법성을 중시하는 '데모스'의 뺨을 후려치는 행위이다. 그러므로 우리는 자문해야 한다. 포퓰리스트 정당은 정말 민중의 근심을 대변하는 것일까? 포퓰리스트들은 감언이설로 대중의 환심을 사려 한다. 항상 지엽적인 문제만을 언급하며, 단순하고 감정을 자극하는 언어를 사용한다. 그들은 대중을 선동하는 기술로 '플레브스'나 '오클로스', 때로는 '데모스'를 꾀어낸다. 그러나 민중이 진정으로 요구하는 것은 정당성과 합리성을 추구하는 '성숙한 사람'으로 존중받는 것이 아닐까?

"

민중은 무작위로 모인 사람들이 아니라,
공동의 정의와 공공의 이익에 공감하고 동의한 사람들의
집단을 뜻한다.

키케로Cicéron

"

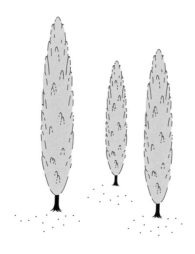

 예술, 정치,
유토피아

베니스 현대미술 비엔날레는 홀수 해마다 열리는
대규모 전시회로 2017년에 57회를 맞이했다. 당
시 행사의 총감독을 맡은 크리스틴 마셀은 '살아
있는 예술 만세Viva arte viva!'라는 주제를 통해 '공
익이란 무엇인가?'라는 질문을 던졌다.

이 질문에 어떻게 답할 수 있을까? 개인주의가 판치는 세상에
서 공익이란 어떤 의미를 가질까? 개인과 공동체를 연결시키
는 것은 고양이와 개를 한곳에 두는 것만큼이나 어려워 보인
다. 불가능한 것은 아닐 수 있지만, 이를 위해서는 둘 사이에 새
로운 다리를 놓아야 하고, 공정한 통로를 만들어야 한다. 나와
타인, 남자와 여자, 개인과 단체, 공동체와 국가, 지역과 세계…
이 모든 것을 유기적인 구조 안에 담아내려면, 유토피아를 **재창
조**해야 한다.

'유토피아Utopie'는 우리가 일상적으로 사용하는 사진 photographie, 반음계chromatisme, 극장théâatre, 민주주의démocratie와 마찬가지로 그리스어에서 기원한 단어이다. 이 단어는 '어디에도 없는 장소를' 의미하기도 하지만, '좋은 장소', '행복한 장소'라는 뜻도 있다.

2017년 베니스 비엔날레에서 그리스관은 유토피아에 대해 우리의 호기심을 자극하면서, 동시에 블랙 코미디와 추리물 분위기가 나는 메타포를 통해 딜레마의 개념을 재해석하고 재창조하고자 했다. 물론 이 세상에는 '이 문장은 거짓이다'라는 명제와 같이 논리적인 딜레마도 있다. 하지만 우리의 행동과 가치에 대해 사유하게 이끄는 도덕적 딜레마도 존재한다. '화재가 발생했는데, 미켈란젤로의 명작과 어린아이 중 하나만 구할 수 있다면, 어떤 것을 구할 것인가?'와 같은 질문처럼 말이다. 그리스관에 설치된 '딜레마 연구소'는 미로 구조를 활용해 딜레마를 소개한다. 관객은 꼬불꼬불한 코스를 따라 영상 설치물을 통과하면서, 아이킬로스의 『탄원하는 여인들』이라는 신화를 마주하게 된다. 아르고스 왕의 영토에 들어가기 위해 제우스에게 간절히 탄원하는 여인들의 비극적인 이야기이다.

하지만 그리스관이 소개하는 현대판 정치 딜레마의 비극도 결코 이에 못지않았다. 그들은 수많은 스크린과 수수께끼를 통해 우리에게 다음과 같은 질문을 던졌다. "외국인에게 구원의 손길을 내밀어야 하는가, 아니면 자국민을 지켜야 하는가?" 당시 그리스는 경제와 이민 문제로 크나큰 위기를 겪고 있었다. 그리스관 연출을 맡았던 조지 드리바스는 우리의 생각을 송두리째 흔드는 사고 실험을 제안했다. 그가 만든 '연구소'의 다양한 장치는 우리의 생각을 자극하고, '공공의 이익'에 대해 직접적으로 고민하도록 만들었다. 실현 가능성은 차치하더라도 어떤 것이 더 좋은 해결책일까? 어떤 것이 더 바람직한 해결책일까? 우리의 언어를 사용하지 않는, 우리의 종교를 믿지 않는, 우리처럼 먹지 않는, 우리처럼 웃지 않는, 우리처럼 기도하지 않는, 타인, 외국인, 하지만 인류라는 관점에서 형제이기도 한 그들은 우리에게 위협일까? 쇠퇴를 불러올까? 중요한 것을 앗아갈까? 아니면 다양한 정체성에 대해 질문을 던짐으로써 오히려 사회를 풍요롭게 만들어줄까? 그들을 받아들이고 환대를 베푼다는 것은 무슨 뜻일까?

아이킬로스는 연극을 통해 이미 오래전에 이와 같은 질문을 던졌지만, 그의 물음은 여전히 국제정치가 풀지 못한 과제로 남아 있다. 에마뉘엘 마크롱 프랑스 대통령은 역사적이고 상징적인 아테네의 아크로폴리스 앞에서 유럽의 재건을 외쳤다. 하지만 그 재건의 토대가 되는 가치는 무엇이란 말인가? 공익을 추구하는 유토피아를 상상하고, 공동체에게 바람직한 것이 무엇인지 고민하기 위해서는, 정치와 예술, 그리고 우리의 시선을 일깨우는 작품을 배제해서는 안 된다. 이를 일찍이 간파한 로버트 라우센버그는 이렇게 말했다. "나는 예술을 위한 예술, 혹은 예술에 반하는 예술을 하지 않는다. 나는 예술을 위한 예술이 아니라 삶을 위한 예술을 옹호한다."

66

나는 예술을 위한 예술, 혹은
예술에 반하는 예술을 하지 않는다.
나는 예술을 위한 예술이 아니라
삶을 위한 예술을 옹호한다.

로버트 라우센버그Robert Rauschenberg

99

전염병을 피하는
가장 좋은 방법

'작은 죽음'은 앙브루아즈 파레가 만들어낸 외과
용어이다. 오늘날에는 오르가슴을 지칭하는 은유
적인 표현으로 사용된다.

이 용어는 참 특이한 방식으로 쾌락을 표현하고 있다. '죽음'이
라는 명사 앞에 '작은'이라는 형용사가 붙어 있긴 하지만 성적
쾌감을 일종의 저주와 연결 지어 생각하기 때문이다.

　'작은 죽음'은 오르가슴을 의미하는 또 다른 단어인 '거
대한 전율'을 암시하며, 이 '거대한 전율'은 또다시 흑사병을 뜻
하는 '거대한 죽음', '검은 죽음' 혹은 14세기 중반 유럽에서 흑
사병을 지칭하던 '거대한 역병'이라는 용어를 떠올리게 만든다.

　우리가 역사책에서 배웠듯, 흑사병은 1347년부터 1351

년까지 단 4년 만에 유럽 인구 3분의 1인 1천 3백만 명의 목숨을 앗아갔다. 이 시기에 단테는 피렌체를 떠나 도망쳤고, 보카치오는 『데카메론*Décameron*』[7]을 집필했다(고대 그리스어로 deca는 '10'을 뜻하며, héméra는 '날짜'를 뜻한다). 말 그대로 '10일 간의 이야기'라는 뜻으로, 여자 일곱과 남자 셋으로 이루어진 열 명의 젊은이들이 흑사병을 피해 피렌체에서 3킬로미터 떨어진 시골로 10일 동안 도피를 떠난 내용이다. 그들은 음악을 연주하고, 춤을 추고, 흥청망청 즐겼으며, 특히 매일마다 이야기 열 편을 주고받으며 즐겁게 시간을 보냈다.

100편의 이야기를 엮은 보카치오의 이 단편집은 휴머니즘과 르네상스 정신을 담고 있다. 또한 『데카메론』은 라틴어가 아닌 이탈리아어로 쓰여 민중 언어의 지위를 격상시키는 데에도 크게 기여했다. 보카치오는 희극과 비극은 물론이고, 비장미와 기괴함이 느껴지는 작품부터 악당이 등장하는 이야기까지 모든 장르를 넘나드는 진정한 대작가의 면모를 보여주었다. 그리고 은행원, 공증인, 왕자, 사제, 농민까지 매우 다양한 직업의 사람들을 묘사했다.

이 기발한 작품은 엄청난 성공을 거두었으며, 유럽 전역에서 문학의 새로운 흐름을 만들어 냈다. 발자크는 『우스운 이야기』에서 보카치오의 영향을 받은 것을 서슴없이 드러냈으며, 영화계에서는 파솔리니 그리고 타비아니 형제가 이 단편집 속

작품을 영화로 각색했다. 프라도 미술관에는 『데카메론』에서 영감을 받아 제작된 보티첼리의 작품 네 점이 전시되어 있다.

　　무시무시한 흑사병은 그 누구에게도 자비를 베풀지 않는 잔인한 전염병이었다. 보카치오는 책의 도입부에서 흑사병의 창궐을 묘사하며 다음과 같이 썼다. "신사 숙녀들로 가득했던 웅장한 성과 아름다운 저택에서 이제는 가장 천한 하인조차도 찾아볼 수 없게 되었다네! 유서 깊은 혈통, 광활한 영토, 위세당당한 재력이 제대로 된 상속자도 없이 남겨졌다네! (…) 그토록 훌륭한 남자들과 아름다운 여자들, 우아한 젊은이들이 부모와 동료, 친구와 함께 아침 식사를 하고, 그날 저녁에는 그들의 조상과 함께 저녁 식사를 하게 될 줄이야."[8] 나이가 젊건, 돈이 많건, 아름답건, 건강하건 흑사병은 무차별적으로 사람들의 생명을 앗아갔다. 우리가 사용하는 언어에도 과거의 트라우마가 남아 있어, '유감스러운 것', '유해한 것', '사악한 것', '행복을 더럽히는 것'을 페스트, 즉 흑사병이라 일컫고, 현실의 속박 앞에서 불평하는 행위에 '페스테pester'라는 동사를 쓰기도 한다.

혹시 단어가 인류를 구하기 위해 존재하는 것은 아닐까?

위협과 역경에 맞서, 조롱과 냉혹함 앞에서,

우리를 구할 수 있는 지혜, 혹은 시도해볼 만한 것은

'가장 먼 곳으로 떠나서 다시는 돌아오지 마라'일지도 모른다.

프랑스 추리소설 작가 프레드 바르가스의 소설은 어느 중세 연구가가 건물의 현관문에 새겨진 미스터리한 글자 'CLT'의 의미를 파헤치는 것에서 시작한다. 'CLT'는 라틴어 부사 세 개에서 이니셜을 딴 것으로, Cito빨리, Longe멀리, Tarde늦게를 의미한다. 히포크라테스[9], 혹은 갈레노스[10]가 언급한 이 세 단어는 흑사병을 다루는 모든 글에 병을 피하기 위한 가장 좋은 방법으로 등장한다. 목숨을 부지하고 싶다면, "빨리 떠나, 멀리 가서, 늦게 돌아오라Cito, longe fugeas, et tarde redeas."는 것이다.

1518년 프랑스의 국왕 프랑수아 1세는 이러한 이유로 앙주를 떠났고, 1585년 보르도의 시장 몽테뉴도 도시 입구에서 마티뇽 장교에게 자신의 권력을 이양했다. 그들은 모두 히포크라테스 혹은 갈레노스의 격언을 따라 '재앙을 피해 서둘러 가장 먼 곳으로 떠나서 가능한 한 늦게 돌아오려' 한 것이다.

이토록 간단한 세 단어가 부자이든 가난하든, 젊든 늙

었든, 누구에게나 해를 입힐 수 있는 근원적인 악에 대한 해법으로 제시되었다.

혹시 단어가 인류를 구하기 위해 존재하는 것은 아닐까? 위협과 역경에 맞서, 조롱과 냉혹함 앞에서, 우리를 구할 수 있는 지혜, 혹은 시도해볼 만한 것은 '가장 먼 곳으로 떠나서 다시는 돌아오지 마라'일지도 모른다.

최후의
인간

인간의 발명품인 철학적 개념은 초기에는 아주 예외적인 것으로 취급되었지만, 점차 일상의 언어 속으로 들어오고 있다.

세상에 대한 이해를 넓히는 새로운 개념이 일상의 언어로 들어오기 위해서는, 대중의 공감대를 자극해야 하고, 귀에 익어야 하며, 인류 공동체가 그 추상성을 받아들일 수 있어야 한다.

'형이상학', '리좀'[11], '초과물'[12]과 같은 어려운 단어나, '관념론적인', '향락적인'과 같은 형용사, '사르트르의 자기기만', '데카르트의 의심', '볼테르의 반어', '불교의 자비', '니체의 초인'과 같은 표현이 이에 속한다.

니체는 '낮의 정신'과 '밤의 정신' 사이의 패러독스를 즐기는 시인이었다. 그는 해체되고, 단편적이며, 모순적이고, 다분히 예언적인 문체를 사용했는데, 그 전부를 이해하기란 너무 어려운 일이었다. 19세기에 작가 스스로 자신의 사상은 21세기 초가 되어야만 이해될 것이라 말하기도 했다.

2000년대를 살고 있는 우리는 차라투스트라의 예언들을 얼마나 이해하고 있을까?

니체는 『차라투스트라는 이렇게 말했다』에서 불분명한 능력을 소유한 초인Übermensch에 대해 이야기했다. 이때 초인은 배트맨이나 슈퍼맨, 맥가이버와는 별로 관계가 없다. 니체의 초인은 새로운 것을 창조하고, 스스로의 인생을 만들어가는 예술가적 기질을 가졌으며, 수동적이거나 무기력하지 않고, 적극적이고 결연하게 자신의 존재를 완성해간다. 차라투스트라는 '최후의 인간der letzte Mann'을 대체할 초인의 등장을 예견했다. 최후의 인간은 바로 우리 자신이었다.

●

그 후, 시간은 가속장치를 거쳐 점점 빠르게 흘러갔고,
색이 바랬고, 미립자 단위까지 조각났으며,
우리는 목표도 상속자도 없이 줄달음치는
불완전한 삶을 살고 있다.

●

서방 세계에서 '최후의 인간'은 신도, 종교도 없는 세상에 산다. 그렇다면 그는 무엇을 절대 가치로 섬길 것인가? 바로 자신의 건강과 기쁨이다. 니체는 '낮의 작은 기쁨'과 '밤의 작은 기쁨'이라는 표현을 사용했다. 그는 서방 세계의 최후의 인간이 가치와 희망 대신 쾌락과 기쁨의 한시적인 상태를 추구한다며 개탄했다. 그렇다, 최후의 인간은 단조로운 세상에 권태를 느끼고 마약에 빠져들고 있다. "때때로 약간의 독을 먹는다. 그러면 기분 좋은 꿈을 꾼다. 그러다가 결국 많은 독을 먹는다. 기분 좋게 죽기 위해서."[13]

철학자 한병철은 도발적인 방식으로 니체를 재해석했다. 그는 '자신의 몸과 건강에만 관심을 쏟으며 권태로운 삶을 사는 자는 제때 삶을 살지 못한다'고 주장한다. 죽는 법을 알지 못하기 때문이다. '제때 죽어라.' 이것이 차라투스트라의 가르침이다. 제때 죽기 위해서는 제때 삶을 살아야 한다. 삶의 가치를 제대로 알기 위해서는 흐르는 시간을 인지해야 하듯 말이다. 이러한 조건이 갖춰졌을 때에만 가치 있는 여정을 행복하게 끝맺는 완전한 삶, 자유로운 삶을 누릴 수 있다. 니체는 "목표가 있고 뒤따를 상속자가 있는 자는 바로 그 목표와 상속자를 위해 제때에 죽기를 원한다"와 같은 강력한 표현을 사용했다. 이 문장은 세상이 말과 증기기관의 속도로 움직이던 1880년대의 유럽에서 쓰였다. 그 후, 시간은 가속장치를 거쳐 점점 빠르게 흘러가고, 색이 바랬고, 미립자 단위까지 조각났으며, 우리는 목표도 상속자도 없이 줄달음치는 불완전한 삶을 살고 있다.

현재를 온전히 살지 못한다면 제때 죽음을 맞이하지 못할 수도 있다.

우리는 스스로 인간임을 자각하고,
죽음이 오늘 밤에도 찾아올 수 있다는 것을 직시해야 한다.

마르셀 프루스트Marcel Proust

○ ○ ○   죽기 전에,
            나는…

예술가들은 독특한 시선으로 삶에 새로운 의미를
부여하는 방법을 일깨워준다.

대만계 미국인 캔디 창은 유명한 공공미술 아티스트이다. 전
세계를 무대로 활동하는 그녀는 공공장소, 도시, 마을, 땅에서
살아간다는 것이 무슨 의미인지, 더 근본적으로는 삶이란 무
엇이며, **함께** 살아간다는 것은 무슨 의미인지 스스로 성찰할
기회를 준다. 그녀의 공공미술 프로젝트에 참여하는 사람들은
도시의 벽을 캔버스 삼아 자신의 흔적, 단어, 문장, 표식, 그림,
지문을 남긴다.

　　캔디 창은 건축가이자 그래픽 디자이너, 도시 계획가이

다. 노키아에서 디자이너로 근무하던 그녀는 2009년 가까운 지인의 죽음을 계기로 사직서를 내던진 후 뉴올리언스에 도시설계 사무소를 설립했다. 새로운 도시에서 새로운 삶을 꾸려가고 있던 중, 2011년에 시작한 참여형 공공미술 프로젝트로 전세계를 여행하게 되었다.

지금까지 브루클린, 아부다비, 밴쿠버, 방갈로르를 비롯한 76개 도시에서 이 프로젝트를 진행했으며, 총 2천 개의 담벼락과 슬레이트 판자를 사용했다. 수년 전부터 전 세계를 순회하는 이 프로젝트의 제목은 '죽기 전에 나는Before I die I want to…'이다. 최근에는 로잔의 레만 호숫가에서, 2016년 8월에는 파리의 리옹 역사에 위치한 유명 레스토랑 '르 트랭 블루'의 대형 통유리창을 배경으로 진행되었다.

캔디 창의 작품은 '덧없음'이라는 주제를 아주 감각적이고 집단적인 방식으로 재해석했다는 점에서 놀랍다. '덧없음'은 예술사에서 매우 인기 있는 주제로, 아주 다양한 '정물화'[1] 부터 '죽음의 무도'[2] 마사초의 〈성 삼위일체〉(1425~1428), 데미언 허스트의 다이아몬드가 박힌 해골, 얀 파브르의 해골 조각 연작, 홀바인의 〈대사들〉까지 수많은 작품이 이 땅을 잠시 스쳐가는 인생의 '덧없음'을 상기시킨다. 캔디 창은 우리 개개인에게 질문을 던지며 성찰의 기회를 제공했다.

그녀의 작품 앞을 지나가는 행인들은 슬레이트 판 위에

적힌 '죽기 전에 나는…'으로 시작되는 문장을 보고, 원하는 색의 분필로 나머지를 완성하면 된다.

머나먼 곳으로 우리를 데려갈 기차를 기다리면서, 내 인생에서 가장 소중한 것, 혹은 죽기 전에 꼭 해보고 싶은 것에 대해 고민하는 것보다 의미 있고 시적인 행위가 있을까? 기차 여행을 하면서 이 질문을 가슴에 품고 소망에 대해 생각해볼 수 있을 테니 말이다. 리옹 역의 벽에 적힌 "죽기 전에, 나는…"이라는 물음에 달린 다양한 답변을 살펴보자. "우주 여행을 하고 싶어요." "내 자식들이 성공하는 것을 보고 싶어요." "진짜 나를 찾고 싶어요." "당신을 다시 보고 싶어요." "제다이가 되고 싶어요." "피카추를 잡고 싶어요."

●

기차 여행을 하면서 이 질문을 가슴에 품고
소망에 대해 생각해볼 수 있을 테니 말이다.

●

고대 로마에서 승전 기념 행사가 열리면 개선장군의 뒤에 하인이나 노예를 세워두는 전통이 있었다. '내일은 패배할 수 있음'을 암시하는 문장을 장군의 귓전에 속삭이는 것이 그의 임무였다. 당장은 승리를 거두었지만 내일이라도 목숨을 잃을 수도 있다는 사실을 상기시켜야 했기에, 그는 라틴어로 속삭였다. "메멘토 모리(죽음을 기억하라)!"

　　승리 앞에서, 혹은 패배 앞에서, 죽기 전에 우리가 무엇을 하고 싶은지 고민하는 것은 아주 흥미로운 정신훈련이 될 수 있다. 죽음을 앞두고 있는 시점은 더 먼 미래가 아닌 바로 지금 이 순간이기 때문이다. 라틴 신학의 아버지로 불리는 테르툴리아누스는 『변증』의 33장에 다음과 같은 문장을 남겼다. "당신의 주위를 살펴보고, 당신도 한낱 인간임을 기억하라!"[3]

의미를 굽는
비스킷 철학

역사와 음식, 그리고 언어가 한데 섞이면, 기막힌 결과물이 탄생한다.

황설탕과 향신료(계피, 정향, 육두구)가 들어간 반죽을 틀에 찍어 구워내는 비스킷 '스페퀼로스'는 라틴어로 거울을 뜻하는 '스페쿨룸speculum'과 발음이 유사하다. 실제로 이 비스킷에는 거울에 비친 사람의 모습이 찍혀 있는데, 대부분 성 니콜라, 그의 당나귀나 그의 조수인 검은 피터의 모습을 하고 있고, 가끔씩 풍차 모양도 찾을 수 있다. 스페퀼로스 위에 아몬드가 올라간 고급 버전도 있다.

스페퀼로스spéculoos는 사색spéculation을 바탕으로 하는 학문, 즉 '철학'을 대표하는 비스킷이 되었다. 우리는 사색을 통해 세상을 이해하고 나 자신을 돌아본다. 사색을 뜻하는 'spé-culation'은 본디 정신의 고귀한 활동을 지칭하는 단어였지만, 18세기 경제학자들이 논리를 비약해 '투기'를 지칭하는 데에도 사용되었다. 물론 돈과 관련된 저급한 의미도 있지만 본래의 의미도 그대로 남아 있다. 사색하는 정신은 부를 축적하는 최적의 방법을 찾는 데에 사용될지언정 어쨌든 성찰을 의미하기 때문이다.

최근에는 스스로를 '사변적 실재론réalisme spéculatif'으로 정의하는 철학 사조도 등장했다. 그들은 우리가 서로 다른 개념, 또는 단어와 사물 사이에 존재하는 '상관관계'를 통해서만 세상을 이해할 수 있고, 이들의 본질을 따로 떼어놓고는 결코 알 수가 없다고 한다.

음식, 그중에서도 달콤한 것들을 떠올려보면, 또 하나의 브뤼셀 특산품인 그리스 빵을 떠올릴 수 있다. 프랑스 빵이라 불리는 바게트 빵이 프랑스가 아닌 벨기에에서 만들어진 것처럼, 이 그리스 빵도 사실 그리스에서 만든 것이 아니다. 빵 반죽에 굵은 설탕을 뿌려 만든 이 단순한 비스킷이 어쩌다 그런 이름을 얻게 된 것일까? 브뤼셀 도심에 위치한 '늑대 소굴Fossé-aux-Loups'이라는 동네에서 처음 선보인 이 비스킷에는 네덜란드어로 '소굴 빵broot van de grecht'이라는 이름이 붙었다. 그러다가 17

세기에 벨기에를 점령한 프랑스군이 이 단어를 '그리스 빵'으로 번역했다.

그리하여 우리는 함축적 의미를 가진 비스킷 두 개를 물려받게 되었다. 스페퀼로스는 성찰과 거울을, 그리스 빵은 역사 깊은 철학적 전통을 연상시킨다. 그러고 보니, 낭트에서 1836년에 발명된 이후 아직까지도 원래의 모양을 유지하고 있는 '프티뵈르' 비스킷의 우주적 의미 또한 언급하지 않을 수 없다. 비스킷 바깥쪽을 둘러싸며 파인 '홈' 52개는 일 년의 52주를 의미하고, 모서리 네 개는 4계절을, 중간에 뚫린 구멍 스물네 개는 하루 24시간을 의미한다. 프티뵈르가 우주에서 가장 완전한 비스킷이란 사실에 의심의 여지가 없다.

한편 요리에 사용되는 용어 중에 '졸이다réduire'라는 단어를 살펴보자. 이는 열로 액체를 증발시켜 새로운 향을 만들어내는 방법이다. 철학도 이와 마찬가지이다. 독일의 철학자 에드문트 후설은 일종의 직관을 통해, 우연적인 것을 걷어내고, 사물의 정수 또는 진정한 본질을 포착하는 의식의 능력을 '본질적 환원réduction éidétique'이라 표현했다. 본질적 환원을 실천하는 것은 복잡성 너머에 존재하는 사물의 깊이를 탐구하는 것이다. 결국 사유란 특정 사물에 주어진 가장 단순하고, 가장 근본적인 면을 찾는 것과 다를 바 없다. 그러고 보면 꽃을 정제해 만든 향수를 그 꽃의 '에센스(정수)'라고 부르는 것에도 일리가 있어 보인다. 맛도 결코 다르지 않다. 소스를 졸이는 것은 농도를 진하게 만들어 그 과정에서 독특한 향기를 추출해내는 일이기 때문이다.

혹시, 사탕, 과자, 디저트, 케이크도 어떤 절대적이고 완벽한 것을 품고 있는 것은 아닐까?

●

스페퀼로스spéculoos는 사색spéculation을 바탕으로 하는 학문, 즉 '철학'을 대표하는 비스킷이 되었다.

●

프루스트의
마들렌

알랭 드 보통은 고차원적 철학의 대중화를 이끈 철학계의 슈퍼스타이다. 그는 위트 있고 날카로운 시선으로 우리의 행동을 깨우치고 변화시키는 위대한 작가들의 힘을 파헤친다.

무뚝뚝하기로 유명한 알랭 드 보통은 사랑의 상처를 치유하려면 아르투어 쇼펜하우어의 『의지와 표상으로서의 세계』 5장 '사랑의 형이상학'을 필독해야 한다고 말한다. 자살 충동을 느끼는 자들에게는 세네카의 글을 권하고, 가난하지만 고통을 피하려는 자들에게는 에피쿠로스에게서 위로를 구하라고 조언한다.[4] 그렇다, 그에게 있어 철학은 행복을 가르치는 학교이다.[5] 20년 전, 알랭 드 보통은 문학이 독자의 정신에 미치는 영향에 관한 탁월한 에세이 『프루스트가 우리의 삶을 바꾸는 방법들』[6]

을 발표했다.

이 책은 '오늘날, 어떻게 삶을 사랑할 수 있는가?'라고 묻는다. 그는 이 질문에 답하기 위해 1922년 파리 상류층의 애독지 『랭트랑지장L'intransigeant』에 실린 사고실험을 소개한다. 이 일간지는 '세상의 종말이 임박했다는 믿음은 사람들에게 어떤 영향을 미칠까?'라는 질문을 던졌다. 이 질문에 대한 첫 대답은 '사람들이 모두 가장 가까운 성당이나 침실로 달려갈 것'이었다. 수많은 답변이 그 뒤를 이었고, 이 질문에 마지막으로 답한 사람은 마르셀 프루스트였다. 1913년 출간된 『잃어버린 시간을 찾아서』 1권으로 이미 유명세를 얻은 뒤였다. 프루스트는 "당신이 말한 대로 죽음의 공포가 다가온다면, 삶이 갑자기 감미롭게 느껴지리라 믿습니다. 생각해보십시오. 얼마나 많은 계획, 여행, 연애, 배움이 미래를 확신하는 우리의 나태함 때문에 끊임없이 뒤로 밀리고 있는지 말입니다"[7]라고 답했다.

프루스트는 영생에 대한 무지 또는 환상 때문에, 실질적인 위협이 다가온다면 실행에 옮길 것들을 끝없이 미루게 된다는 메시지를 전하고자 했다. 그렇기에 알랭 드 보통은 다음과 같이 결론짓는다. "대재앙이 닥쳐오는 상황에서만 현재의 삶을 사랑하는 것은 잘못된 일이다. 우리는 스스로 인간임을 자각하고, 죽음이 오늘 밤에도 찾아올 수 있다는 것을 직시해야 한다."[8] 생각해보면 죽음은 언제라도 우리에게서 삶을 앗아갈 수 있다. 이러한 제약 때문에 우리는 삶의 우선순위를 정해야 한다. 그리고 매일 고민해야 한다. 충만한 삶을 사는 것은 무엇일까? 우리에게 주어진 시간이라는 소중한 선물을 어떻게 낭비하지 않을 수 있을까?

이는 프루스트가 우리에게 미치는 수많은 영향, 즉 여러 '프루스트 효과' 가운데 하나일 뿐이다. 우리는 프루스트의 글을 읽으며 예술과 일상의 상관관계를 깨우치고, 흘러가도록 내버려두는 삶과 목적 또는 계획이 있는 삶의 차이에 대해 생각하게 된다. 문학은 스완의 질투심, 베르뒤랭의 위선, 모방 본능, 고통, 야망, 욕망과 같은 감정이나 정서를 자극하기도 하고, 사랑의 상처를 덜 받는 방법을 알려주기도 한다. 프루스트는 끝이 없는 '사색의 우주'로 우리를 안내한다.

최근 '마들렌' 가설을 시험하던 포르투갈 심리학자들은 또 다른 '프루스트 효과'를 발견했다. 프루스트의 책에 등장하는 화자는 보리수 허브차와 마들렌 한 조각에서 감각적 자극을 느끼고 어린 시절을 회상하게 된다. 프루스트가 기억과 상상에 관한 앙리 베르그송의 가설에 영향을 받은 터였다.

심리학자들은 테스트의 형태로 이 '프루스트 효과'를 실험했다. 학생 73명에게 범죄 영상을 틀어주고, 그와 동시에 누군가의 티셔츠 냄새를 맡게 했다. 실험이 끝난 후 15분 이내에 해당 티셔츠를 입은 사람을 만나게 했더니 참가자 중 96퍼센트가 그 냄새를 알아챘다.

물론 이 실험은 단기 기억력에 관한 것이었지만 의도적으로 혹은 의도치 않게 발산하는 후각적 흔적에 주목하게 만들었다. 범죄를 저지르려는 의도가 전혀 없을지라도 말이다. 냄새는 마치 한 조각의 케이크, 사탕, 캐러멜처럼 우리의 기억을 되살려낼 수 있다. 냄새에는 추억의 맛이 담겨 있다. 냄새는 우리의 기억이다. 냄새는 우리 그 자체이다.

여유를 걷는
시간

모든 것이 빠르게 지나가고, 아무도 달리기를 멈추지 않는다. 이것이 우리의 마라톤 같은 일상이다. 그러나 우리는 시간을 되돌리고, 또 시간이 천천히 흐르길 얼마나 갈망하는가?

커피를 다 마실 시간이 없다. 아침 식사 후 식탁을 치울 시간도, 침대를 정리할 시간도 없다. 사랑하는 이에게 좋은 하루를 보내라는 말을 속삭일 시간도 없으며, 생각할 시간은 더더욱 없다. 물건을 정리하고, 사색을 즐기고, 어떤 것에 정성을 쏟고, 그리고 무엇보다 사랑은 시간을 필요로 한다.

　　이것이 『어린 왕자』에 등장하는 여우가 우리에게 주는 교훈이다. 무언가 혹은 누군가를 이 세상 그 무엇보다도 소중히 여기고 아끼는 것은 시간이 드는 일이다. 하다못해 연약하고 덧없는 장미 한 송이를 돌보는 것도 마찬가지이다. 차 한잔을 즐기는 일에도 여지없이 시간을 쏟아야 한다. "차를 마실 줄 아는 것, 그것이 바로 지혜이다"라고 니체가 말하지 않았던가? 그는 와인, 커피, 우유나 위스키가 아니라 차를 마실 줄 아는 것이 지혜라고 했다. 격언치고는 조금 난해하게 들릴 수 있지만, 차라투스트라가 동양에서 온 예언가이기 때문에 그렇게 말했는지도 모를 일이다. 제멋대로 돌아가는 세상은 아시아도 마찬가지이다. 동서양 할 것 없이 모두 달리고 있으며, 지혜를 찾지 못하고 있다.

　　신비주의로부터 영향을 받은 독일 시인 안겔루스 질레지우스는 물었다. "어디를 그렇게 뛰어가느냐?" 그는 이어 또 다른 질문을 했다. "하늘이 네 안에 있다는 것을 알지 못하느냐?"[9] 독일의 철학자 겸 사회학자 하르트무트 로자는 시간을 탁월하게 분석한 에세이를 쓰고, 우리 시대를 한 단어로 압축하는 '가속'을 제목으로 정했다.[10] 시간의 불균형 혹은 파편화의 위기에서 살아남으려 한 작가들은 더 있었다. 알랭 코르뱅은 침묵에 대한 글을 썼고, 인류학자 다비드 르 브르통[11]은 자신의 조용한 실종에 대해 썼다. 다비드 르 브르통과 철학자 로제 폴 드루아[12]는 걷기를 예찬하는 책을 쓰기도 했다.

> **"**
>
> 차를 마실 줄 아는 것, 그것이 바로 지혜이다.
>
> 니체|Nietzsch
>
> **"**

또 다른 작가이자, 산책가, 온 도시의 지붕을 누비며 '고양이 왕자'라는 별명을 얻은 실뱅 테송은 부탄부터 타지키스탄까지 5천 킬로미터를 두 발로 걸어 히말라야를 횡단했다.[13] 중앙아시아 대초원을 가로지르기도 했고, 옛 소련 강제노동수용소 탈주자들의 발자취를 따라 시베리아에서 콜카타까지 트래킹을 하기도 했다. 그는 2014년 추락 사고를 당해 몸이 산산조각 나고 전신 마비가 된 후에도, 병상에 누워 또 다른 도전을 꿈꿨다. "만약 내가 죽지 않는다면, 이곳을 벗어나 다시 걸을 수 있게 된다면, 나는 야영을 하며 프랑스를 대각선으로 횡단할 것이다." 그는 결국 도전에 성공했고, 『검은 길 위에서』[14]라는 책을 통해 그 이야기를 풀어냈다.

실뱅 테송은 다음과 같은 자가 진단을 내렸다. "내 삶은 악마에게 홀려 자해를 시도하는 사육제였다. 나의 내면에서 불타고 있는 가마솥에서, 달리는 기차에서 잠시 내려와 휴식을 취해야만 했다."[15] 그는 자신이 달리고 있었고, 그것이 자신을 피폐하게 한다는 것을 알고 있었다.

마찬가지로 걷기를 즐겼던 발터 벤야민은 조금 더 느린

시대를 산 철학자이자 산책가, 그리고 시인이었다. 그는 양차 대전 사이 미로 같은 파리의 골목길을 마음껏 누비며 주옥같은 글을 남겼다. 그는 도시 산책을 즐겼고, 도시에서 길을 잃는 것은 숲에서 길을 잃는 것과 마찬가지로 일종의 학습이 필요하다고 주장했다. 방황하는 방법을 배워야 한다는 것이다. 다른 사람들처럼 목적지를 향해 곧장 나아가지 않고, 헤매는 법을 배워야 한다. 그렇다, 지혜를 쌓는 것은 오랜 시간이 걸리는 일이기에 길을 잃는 연습을 해야 한다.

차 마시기를 예찬하던 니체는 세심한 관찰자적 면모를 보여주는 탁월한 문장을 남겼다. "걷는 모습을 보면, 그가 자신의 길을 찾았는지 알 수 있다. 목표가 어떤 것이든, 자신의 목표에 거의 다다른 사람은 걷지도, 뛰지도 않는다. 그는 춤을 추고 있다."[16]

'초개인'의 고독과
'함께'의 자유

> 공익에 대한 사유의 실종, 공유 가치의 쇠퇴, 사회
> 집단의 분산, 정치 집단의 붕괴… 이러한 질문이
> 끊이지 않는다.

끝없이 계속되는 고독과 현기증에 빠져버린 초개인hyper-individu
은 사회적으로 환영받지 못하는 존재이다. 따라서 위와 같은
문제의식이 현대사회의 화두로 떠오르고 있다. 초개인주의 사
회의 개인에게는 관계뿐만 아니라 장소도, 지역도, 주소도 없
을 것이다. 우리는 '항상' '어디서나' '연결'된 상태로 타인과 이
메일을 주고받는 일을 멈추지 않기 때문이다. 우리의 자유는
개인의 모니터 위에서 누리는 자유이다. 그렇다면 '함께 누리
는 자유'라는 개념은 어떻게 받아들여야 할까?

갑자기 바보 같은 질문 하나가 떠오른다. "이러한 상황에서 사랑은 어떤 위치를 차지할 수 있을까? 초개인이 내키는 대로 앱에 로그인했다가 로그아웃을 하고 마는 세상에서, 도대체 '우리'의 자리는 어디에 있을까?"

초개인이 내세우는 자유는 최고 수준의 독립이자 어떤 제약도 존재하지 않는 '자유'이다. 그중 일부는 관계를 희생하지 않으면서 동시에 자유를 누리고자 여러 가지 시나리오를 만들어냈다. 그들은 약속된 시간에만 사람들을 만나고, 책임질 필요 없는 사랑을 나누고, 쓰면 뱉고 달면 삼키고, 영화배우 미셸 모르강과 영화감독 제라르 우리 부부처럼 같은 건물의 다른 층에 거주한다. 간단히 말해, 각자가 원하는 방식으로 관계를 맺음으로써 관계에 대한 욕망과 자유 사이에 적절한 균형을 유지하는 것이다. 하지만 게르만어로 사랑과 자유의 어원을 살펴보면, 이 둘이 반대 개념이 아니라는 의외의 사실, 또는 핵심적인 교훈을 발견하게 된다.[17] 인도-게르만어에서 'fri'라는 어근은 사랑을 의미한다. 이는 독일어로 자유frei, 평화freide, 친구freund를 뜻하는 단어에서 사용된다. 네덜란드어의 vrij, vrede, vriend에서나, 영어의 free, freedom, friend에서도 비슷한 어근이 등장한다. 게르만어로 자유라는 뜻을 가진 frei(또는 vrij, free)는 "친구 혹은 사랑하는 사람과 함께하는 것"[18]으로 해석될 수 있다.

놀랍고 신기하지 않은가? 어원의 탐구를 통해 '사랑이 든 우정이든 우리는 관계 속에서 비로소 자유를 누릴 수 있다' 라는 아주 간단한 사실을 발견했으니 말이다. 관계를 맺은 상 태와 자유로운 상태는 사실 같은 것을 의미한다. 게르만어에서 '자유'는 애초에 '관계'와 연관된 단어였기 때문이다. 결과적으로 '자유'는 '사랑'이 된다.

요리 레시피에 대해 이야기하는 것을 즐겼던 그리스 철학자 에피쿠로스는 친구들에게 "무엇을 먹을지 고민하기 전에, 누구와 함께 먹을지 고민하라"고 조언하고는 "혼자 먹는 것은 사자나 늑대에게 주어진 특권이기 때문이다"라고 덧붙였다. 다시 말해, 혼밥이 자유로운 행위이기는 하나, 이때의 자유는 관계의 실종에 따른 자유이다. 홀로 밥을 먹는 것은 동물이 자유를 누리는 것과 마찬가지이다.

우리는 모두 함께 자유로워질 수 있을 것이다. 그것이 바로 사랑이 추구하는 목표이다. 에피쿠로스는 친구들과 함께 테이블에 둘러앉아 자유를 만끽하자고 제안한다. 각자의 방식대로, 하지만 가장 세련된 태도로 축제를 즐기듯 임한다면 인생 최고의 연회를 즐길 수 있을 것이다.

서문

1. "아침에 일어나 신문을 읽는 것은 현실적 기도를 올리는 것과 같다. 세상에 대한 태도를 신 또는 세상을 향하게 하는 것이다. 이는 우리가 어디 있는지를 아는 것과 같은 안정감을 준다." 헤겔 Hegel, 『메모와 단편 모음집 *Notes et fragments*』, 1803-1806.

1장-5장　　21~40쪽

1. 헤겔Hegel, 『법철학 강요 *Principes de la philosophie du droit*』
2. 『성경 *La Bible*』, 시편 91장 7절
3. 1907년 출간된 라이너 마리아 릴케Rainer Maria Rilke의 『신시 집 *Nouveaux Poèmes*』에 실린 루브르 박물관에 전시된 고대 토르소

에 헌정한 시「고대의 아폴론 토르소Le Torse antique d'Apollon」마지막 문장 인용.

4. 알랭Alain, 『권력론: 정치적 윤리성의 요소Propos sur les pouvoirs: Éléments d'éthique politique』

5. 위의 책.

6. 위의 책.

7. 모리스 메를로 퐁티Maurice Merleau-Ponty, 『눈과 정신L' Œil et l'esprit』

8. 『쿠리에 앵테르나시오날Courrier International』, 2016. 2. 26. http://www.courrierinternational. com/video/union-europeenne-je-suis- surpris-de-vous-voir-ici-la-pique-de-juncker-farage

9. (옮긴이)「개미와 베짱이」의 원제는「개미와 매미」이다.

10. (옮긴이) 대안적 사실Alternative Facts은 '실제로 있는, 입증할 수 있는, 거짓이 아닌 사실'을 뜻하는 단어fact와 대안·대체를 의미하는 단어alternative를 합친 조어로, 2017년 트럼프 미국 새 행정부와 미국 언론이 취임식 인파를 두고 설전을 벌이는 가운데 등장한 신조어이다.

11. 파트릭 베송Patrick Besson, 『새로운 갤러리Nouvelle galerie』, 마리안 파이요Marianne Payot가「역설의 남자, 장 도르메송Jean d'Ormesson, homme paradoxal」에서 인용. 『렉스프레스L'Express』, 2017. 12. 5.

6장-10장   43~64쪽

1. (옮긴이) 벨기에와 유럽 만화를 대표하는 전설적인 만화가. 대표작으로 〈땡땡의 모험〉 시리즈가 있다.

2. (옮긴이) 세계 최대 농화학기업 몬산토가 개발해 1974년 출

시한 제초제 '라운드업'에 들어가는 주요 성분이다.

3. (옮긴이) 가중다수결은 유럽연합 각료이사회의 의사결정방식이다. 유럽연합 회원국의 인구 또는 영향력을 감안하여 회원국마다 다르게 할당된 투표수를 합산하여 가결여부를 결정한다.

4. (옮긴이) 국제법정 재판부는 2017년 4월 몬산토의 행위에 대해 '생태학살'이라고 판단한다.

5. 뤼방 오지앙Ruwen Ogien, 『천일야화, 비극이자 희극인 질병 *Mes mille et une nuits. La maladie comme drame et comme comédie*』

6. 뤼방 오지앙Ruwen Ogien, 『따뜻한 크루아상 냄새가 인간의 선함에 미치는 영향과 다른 도덕적 철학 질문들*L'Influence de l'odeur des croissants chauds sur la bonté humaine et autres questions de philosophie morale*』(국내에는 『딜레마』로 번역 출간됨)

7. 뤼방 오지앙Ruwen Ogien, 『철학하거나 사랑하기*Philosophie ou faire l'amour*』

8. 무향실은 실내벽이 음파를 흡수하는 방음실이다.

9. (옮긴이) 이 연작은 라우셴버그의 1951년작으로 전시장에 걸려 있는 흰색 캔버스는 조명과 이를 바라보는 사람들의 그림자 등에 의해 작품이 바뀐다.

10. 프랑수아 줄리앙François Julien, 『우회와 접근: 중국과 그리스에서의 의미 전략*Le Détour et l'accès. Stratégies du sens en Chine, en Grèce*』

11. (옮긴이) 배중율은 중간 혹은 제3자는 배제된다는 법칙으로 '모순 관계에 있는 두 생각이 모두 틀릴 수는 없다'라는 원리이다.

12. 『롭스*L'Obs*』, 2016. 11. 15.

13. 이마누엘 칸트Emmanuel Kant, 『계몽이란 무엇인가에 대한 답변*Beantwortung der Frage: Was ist Aufklärung?*』

14. 에티엔 드 라보에티Étienne de La Boétie, 『자발적인 노예에 대한 논문*Discours de la servitude volontaire*』

1. (옮긴이) 키니코스학파를 '견유주의犬儒主義'라고도 부른다.

2. 키케로Cicéron, 『투스쿨란의 대화*Les Tusculanes*』

3. "후자는 스스로를 철학자, 즉 '지혜를 사랑하는 사람'이라 말한다. 어떤 사심도 없이 게임에 참여하는 것보다 더 정직한 것은 없다. 마찬가지로 오로지 세상 모든 것에 대한 앎에 도달하기 위한 목적으로 탐구하는 직업이 이 세상에서 가장 고귀한 직업이다." 위의 책.

4. (옮긴이) 의학의 신 아스클레피오스의 뱀 한 마리가 감긴 지팡이가 아닌, 전령의 신 헤르메스의 뱀 두 마리가 감긴 지팡이 '카두케우스'가 현대 의학의 상징으로 잘못 사용되고 있는 경우가 많다.

5. 1942년 4월 13일 시인 조에 부스케Joë Bousquet에게 보낸 편지, 『서신집: 시몬 베유, 질 실베스테인, 조에 부스케*Correspondance : Simone Weil, Jil Silberstein, Joë Bousquet*』

6. 스티븐 호킹Stephen Hawking, 「현재가 지구에 가장 위험한 순간이다.This is the most dangerous time for our planet」, 『가디언*The Guardian*』, 2016.12.1. https://www.theguardian.com/commentisfree/2016/dec/01/stephen- hawking-dangerous-time-planet- inequality

1. 마리셀린 자키에Marie-Céline Jacquier, 「사후에 깨어나는 좀비 유전자Les gènes zombies se réveillent après la mort」, 『미래 과학*Futura Sciences*』, 2016.6.26. 해당 기사는 과학계에 판단을 맡기지 않았기 때문에 과학성을 보장하지는 않는다. 하지만 실험 결과가

확실하다면 사유할 거리를 안겨준다.

2. 뤼크 페리Luc Ferry, 『트랜스휴머니즘 혁명: 테크노의학과 세상의 우버화는 어떻게 우리 삶을 뒤흔들까*La Révolution transhumaniste. Comment la technomédecine et l'ubérisation du monde vont bouleverser nos vies*』

3. https://www.tf1.fr/tf1/auto-moto/ news/voiture-autonome-programmee- tuer-cas-de-danger-5538573.html

4. 라파엘 글룩스만Raphaël Glucksmann, 「자유, 평등, 연대죄 Liberté, égalité, délit de solidaité」, 『롭스*L'Obs*』, 2017.1.14.

5. 테렌티우스Térence, 『고행자*Heautontimoroumenos*』

6. 존 로크John Locke, 「관용에 관한 편지Lettre sur la tolérance」, 『존 로크 철학전집*Œuvres philosophiques de Locke*』

7. 위의 책.

8. 2017년 7월 21일 션 스파이서Sean Spicer 백악관 대변인 사퇴. http://www.slate.fr/story/135326/ porte-parole-trump-pas-fait, http://www.lemonde.fr/les-decodeurs, 2017년 1월 25일 기사 faits-alternatifs- fake-news-post-verite-petit-lexique-de-la-crise-de-l-information_5068848_ 4355770.html

9. 조지 오웰George Orwell, 『1984』

---

1. 경제협력개발기구(OECD)가 발표한 2015년 건강파노라마 참고 https://fr.statista.com/infographie/4032/les-plus-gros-consommateurs-dantidepresseurs-au-monde

2. 쇼펜하우어Schopenhauer, 「삶의 의지는 긍정되고 부정된다La vie s'affirme puis se nie」, 『의지와 표상으로서의 세계*Le Monde comme volonté et comme représentation*』

3. 몽테뉴Montaigne, 『수상록*Essais*』, 1권.

4. 라이프니츠Leibniz, 『신인간지성론*Nouveau Essais sur l'entendement humain*』

5. 유음중첩법과 관련된 두 단어 'perplexité(난처함)', 'complexité(복잡함)', cf. 파스칼 샤보Pascale Chabot 『존재냐 저항은 우리에게 달렸다*Exister, résister. Ce qui dépend de nous*』

6. 아가타 랑Agathe Ranc, 「자유분방, 인간, 절대Fantaisiste, mortelle, totalitaire」, 『롭스*L'Obs*』, 2017. 11. 14.

7. (옮긴이) 프랑스어에서는 명사에 관사와 형용사가 붙을 때 명사의 성과 수에 맞게 관사와 형용사의 형태를 바꾸어준다.

8. 프랑스 양성평등고등위원회에서 2015년 9월 발행한 『성편견 없는 의사소통을 위한 가이드*Guide pratique pour une communication sans stéréotype de sexe*』, http://www.haut-conseil-egalite.gouv.fr/IMG/pdf/ hcefh__guide_pratique_com_sans_stereo-_vf-_2015_11_05.pdf

9. 「스웨덴에서 신은 더이상 남성이 아니다En Suède, Dieu n'est plus un homme」, 『쿠리에 앵테르나시오날*Courrier International*』, 2017. 11. 24.

10. 엘자 트루히요Elsa Trujillo, 「문서처리 프로그램 워드 포괄적 글쓰기 도입Le logiciel de traitement de texte Word se met à l'écriture inclusive」, 『르피가로*Le Figaro*』, 2017. 10. 27.

11. 중국 부호를 죽이지 않은 선한 인간 아흐메트 크라스니치 Ahmet Krasniqi에게.

26장-30장 **131~151쪽**

1. 헤로도토스Hérodote, 『역사*Histoires*』, 제II권, XLVI.

2. 에티엔 클렝Étienne Klein, 『모든 것은 상대적이(지 않)다*Tout*

(n')est (pas) relative』

3. 위의 책.

4. 샤를 보들레르Charles Baudelaire, 「고양이Le Chat」, 『악의 꽃*Les Fleurs du mal*』

5. (옮긴이) 원제: 니체Friedrich Nietzsche『차라투스트라는 이렇게 말했다*Also sprach Zarathustra*』

6. (옮긴이) 원제: 애거사 크리스티Agatha Christie『오리엔탈 특급 살인*Murder on the Orient Express*』

7. (옮긴이) 원제: 존 어빙John Irving『가아프가 본 세상*The World according to Garp*』

8. (옮긴이) 원제: 마르셀 프루스트Marcel Proust『스완네 집 쪽으로*Du côté du chez Swann*』

9. (옮긴이) 빅토르 위고Victor Hugo

10. (옮긴이) 마르크스Karl Marx

11. 『르푸앙*Le Point*』, 2016. 10. 13.

12. 「아이 547명, 독일 가톨릭 합창단에서 학대547 enfants victimes d'abus dans un chœur catholique en Allemange」, 『르몽드*Le Monde*』, 2017. 7. 18.

13. 「뇌종양: 뇌를 여는 초음파Tumeurs cérébrales : des ultrasons pour ouvrir le cerveau」, 『과학 번역 의학*Science Translationnal Medicine*』, 2016. 6. 15.

31장-35장   153~173쪽

---

1. (옮긴이) 트로이 전쟁의 원인이 된 사과.

2. (옮긴이) 사금이 흐르는 강.

3. (옮긴이) 그리스 신화에 등장하는 바다 괴물.

4. (옮긴이) 꿈의 신.

5. (옮긴이) 미궁 라비린토스를 만든 인물.

6. (옮긴이) 지구를 떠받치는 형벌을 받은 인물.

7. (옮긴이) 태양신의 마차를 함부로 몰다 제우스의 벼락을 맞고 추락한 인물을 비유한 표현.

8. 뤼크 페리Luc Ferry, 『신화에서 배우는 지혜La sagesse des mythes』

9. (옮긴이) 거품을 이용해 커피 위에 자기 얼굴을 그린 카페라테.

10. (옮긴이) 기원 후 70년경에 일어난 마사다 항전 중 유대인 전사와 가족 900여 명이 집단 자살한 사건.

11. (옮긴이) 문자를 의미하는 texto와 고대 그리스의 도시 국가를 의미하는 polis의 합성어.

12. (옮긴이) 유럽-인도 항로를 처음 발견한 포르투갈 출신 탐험가.

13. 미셸 로델Michel Rödel, 『미셸 세르, 세상의 산파Michel Serres, la sage-femme du monde』

14. 클레르 세르바장Claire Servajean, 「프랑스에서의 일주일Une semaine en France」, 프랑스 인터 라디오, 2017. 1. 2.

36장-40장 **175~197쪽**

1. (옮긴이) 음속을 넘으려 할 때 흡사 눈에 보이지 않는 벽에 부딪치는 것과 같이 되는 현상.

2. 피에르 카반느Pierre Cabanne, 『피카소의 세기Le Siècle de Picasso』: 장 잔느레Jean Jeanneret는 좀 더 긴 문장을 인용했다. "예술가란 어떤 사람이라고 생각하는가? 화가는 두 눈밖에 없는 바보, 음악가는 귀밖에 없는 바보, 시인은 마음속에 시적 표현밖에 없는 바보, 복서는 근육밖에 없는 바보라고 생각하는가? 전혀 그렇지 않다. 예술가는 정치적인 존재이며, 각성한 상태로 세상에서 일어나는 애절하고, 정열적이며, 행복한 사건을 바라보고 자신이 원하는 대로 가공하는 자들이다. 어떻게 타인에게 무관

심할 수 있을까? 얼마나 대단한 무관심이길래 그들이 당신들에게 기꺼이 선물하는 인생으로부터 멀어질 수 있다는 말인가? 아니다, 그림은 집을 장식하기 위한 것이 아니다. 그림은 적을 공격하고 나를 방어하는 전쟁의 도구이다. 장 잔느레, 「팝과 문화Le pop et la culture」, 『파피스트: 1943-2001 발도파 노동민중당의 역사Popistes: histoires du parti ouvrier et populaire vaudois 1943-2001』

3. (옮긴이) 르완다에서 1994년에 80~100만 명의 투치족이 학살당한 사건.

4. (옮긴이) 보스니아 전쟁(1992~1995) 중 스레브레니차에서 자행된 민간인 집단 학살 사건.

5. (옮긴이) 알레포는 2011년 발발한 시리아 내전의 최대 격전지이다.

6. 프랑수아 레나르François Reynaert, 「알레포-게르니카, 같은 메커니즘의 작동Alep-Guernica, un même mécanisme à l'oeuvre」, 『롭스 L'Obs』, 2016. 10. 21.

7. (옮긴이) 나치에 의해 타락한 미술로 규정된 예술 작품.

8. 「약탈과 살인을 일삼는 농민 무리에 반대한다Contre les bandes pillardes et meurtrières des paysans」 장 르페브르J. Lefebvre가 인용, 『루터와 일시적 권력Luther et l'autorité temporelle』

9. (옮긴이) 프랑스 작가 볼테르가 쓴 『캉디드Candide』의 주인공이며 낙천적인 성격을 지닌 인물.

10. (옮긴이) 캉디드의 선생으로 모든 것이 최선의 상태에 있다는 사상을 캉디드에게 가르침.

11. (옮긴이) 라이프니츠Leibniz는 인격적이고 초월적인 신을 말하며 이 세상은 모든 가능한 세상 가운데 '최선'의 세계라고 주장한다.

12. (옮긴이) Mother of all bombs, 미국이 개발한 초대형 공중 폭발 폭탄.

13. (옮긴이) Father of all bombs, 러시아가 개발하였으며 MOAB보다 폭발력이 강한 열압력폭탄.

14. 안토니오 그람시Antonio Gramsci, 『옥중수고Quaderni del carcere』

15. 세르주 방투리니Serge Venturini, 『파편, 미완의 시학에 대해 Éclats. D'une poétique de l'inaccompli』

16. 로랑 가스파르Lorand Gaspar 번역.

41장-45장   199~220쪽

1. (옮긴이) '퇴폐', '쇠퇴'를 의미.

2. (옮긴이) '무질서', '혼돈'을 의미.

3. 미셸 옹프레Michel Onfray, 『데카당스Décadence』

4. (옮긴이) 귄터 안더스Günther Anders가 주장한 종말론으로, 새롭고 긍정적인 상황으로 이어지지 않는 이 세상의 종말을 의미.

5. 알랭 테스타르Alain Testart가 인용, 『노예, 빚과 권력L'Esclave, la dette et le pouvoir』. 장 미셸 베스니에J.-M. Besnier, 『생각의 역사 Histoire des idées』 참고.

6. 프랑수아 쿠플랑François Couplan, 『식물과 식물의 이름, 그 놀라운 이야기Les Plantes et leurs noms. Histoires insolites』

7. (옮긴이) '10일 간의 이야기'라는 의미. 플로렌스의 흑사병을 피해 교외 별장으로 도피한 남녀 열 명이 열흘간 매일 한 편씩 나눈 100편의 이야기가 등장한다.

8. 보카치오Boccace, 『데카메론Le Décaméron』

9. (옮긴이) 히포크라테스는 역병이 발생한 지역에 가서 'Cito, longe, tarde'라고 처방을 내렸다.

10. (옮긴이) 고대 로마 시대의 유명한 명의 갈레노스는 역병이 돌자 재빨리 다른 도시로 도망쳤다.

11. (옮긴이) 질 들뢰즈와 펠릭스 가타리가 사용한 철학 용어로, 시작과 끝, 중심과 주변이 없이 여러 방향으로 얽혀 있는 뿌리줄기를 의미한다.

12. (옮긴이) Hyperobject, 도무지 인간의 지각으로는 그 정확한 실체조차 파악할 수 없기에 인식 자체를 '초과'하는 물체를 의미한다.

13. 한병철, 『시간의 향기:머무름의 기술*Duft der Zeit. Ein philoso phischer Essay zur Kunst des Verweilens*』, '불-시' 참고.

1. (옮긴이) 정물화는 프랑스어로 '죽은 자연natures mortes'이다.

2. (옮긴이) '죽음의 무도'는 중세 말기에 유행한 죽음의 보편성에 대한 알레고리를 묘사하는 미술 장르.

3. 툴리아누스Tertullien, 『변증*Apologétique*』. 기리Giry 대주교의 번역: "당신의 뒤를 돌아보라. 당신을 감싸고 있는 것이 아무리 화려하더라도 당신은 인간에 지나지 않는다." 장 피에르 왈칭J.P. Walzing의 번역: "너의 뒤를 보고, 너도 인간임을 기억하라." 구르시Gourcy 신부의 번역: "너의 뒤를 보고, 너도 인간임을 기억하라."

4. 알랭 드 보통Alain de Botton, 『철학의 위안*Les Consolations de la philosophie*』

5. 2008년, 알랭 드 보통은 '인생학교The School of Life'를 설립했다. 이 코칭 학교의 목적은 문제 제기와 추상을 일상의 고민과 연결 짓는 것이다.

6. 알랭 드 보통Alain de Botton, 『프루스트가 우리의 삶을 바꾸는 방법들*Comment Proust peut changer votre vie*』

7. 위의 책.

8. 위의 책.

9. 안겔루스 질레지우스Angelus Silesius, 『천사 같은 순례자*Pèlerin chérubinique*』

10. 하르트무트 로자Hartmut Rosa, 『가속. 시간에 대한 사회 비평*Accélération. Une critique sociale du temps*』

11. 다비드 르 브르통David Le Breton, 『느리게 걷는 즐거움 *Marcher. Éloge des chemins et de la lenteur*』

12. 로제 폴 드루아Roger-Pol Droit, 『걷기, 철학자의 생각법 *Comment marchent les philosophes*』

13. 실뱅 테송Sylvain Tesson, 『하늘을 걷다: 히말라야 5,000km를 걸어서*La Marche dans le ciel: 5 000 km à pied à travers l'Himalaya*』

14. 실뱅 테송Sylvain Tesson, 『검은 길 위에서*Sur les chemins noirs*』

15. 줄리앙 블랑 그라Julien Blanc-Gras, 「실뱅 테송의 자유 낙하 Sylvain Tesson en chute libre」, 『르몽드 잡지 엠*M le magazin du Monde*』, 2015.01.06.

16. 프리드리히 니체Friedrich Nietzsche, 『차라투스투라는 이렇게 말했다*Also sprach Zarathustra*』, 초인, 제4장. 또는 조르주 아르튀르 골드슈미츠Georges-Arthur Goldschmidt의 번역: "걷는 모습을 보면 자신의 길을 찾았는지 알 수 있다. (…) 목표에 가까워진 사람은, 춤을 춘다."

17. 한병철, 『시간의 향기. 머무름의 예술*Duft der Zeit. Ein philo sophischer Essay zur Kunst des Verweilens*』

18. 위의 책.

그래서 당신은 어떻게 생각하나요?

세상을 방랑하는 철학 ❶

초판 1쇄 발행 2021년 12월 27일

지은이 파스칼 세이스
일러스트 Brush(brush-graphicdressers.com)
옮긴이 이슬아 · 송설아
펴낸이 윤석헌
편집 임주하 · 김수현
디자인 즐거운생활
펴낸곳 레모
제작처 영신사
출판등록 2017년 7월 19일 제2017-000151호
주소 서울시 서초구 서초대로 33길 99, 201호
이메일 editions.lesmots@gmail.com **인스타그램** @ed_lesmots

후원 PLATFORM P

ISBN 979-11-91861-02-0 03100